¡Viva el español!

Workbook

¡Adelante!

John De Mado
Linda West Tibensky

Marcela Gerber, Series Consultant

Mc Graw Hill **Wright Group**

The **McGraw·Hill** Companies

www.WrightGroup.com

 **Wright Group**

Copyright ©2005 Wright Group/McGraw-Hill

Printed in the United States of America.

Send all inquiries to:
Wright Group/McGraw-Hill
P.O. Box 812960
Chicago, Illinois 60681

ISBN: 0-07-602941-7

3 4 5 6 7 8 9 10 POH 11 10 09 08 07 06 05

The **McGraw·Hill** Companies

Contenido

Nombre _____

A. You are visiting the Chiflado family, the world's best ventriloquists! Guess who is doing the talking. Beside each statement, write the name of the person or animal who probably said it, based on what you see in the picture.

M _____Hugo_____ Estoy en el jardín. ¡Me gustan las cerezas!

1. _____ El tigre y yo estamos en el dormitorio.

2. _____ ¡Por fin! La mariposa está muy cerca.

3. _____ ¿Dónde está el perro? ¡Ay! ¡Tengo miedo!

4. _____ Estamos en la cocina. ¿Dónde está la leche?

5. _____ ¡Qué bonito está el día! Mi tortuga y yo estamos fuera de la casa.

6. _____ ¡Pobrecito! Mi pez y yo estamos en el patio. El pez tiene mucha hambre.

Nombre _____

B. Look at this living room and kitchen. Can you tell where everything is? Use *delante de, detrás de, cerca de y lejos de.*

La sala de estar

M (el retrato/el estéreo) _____ **El retrato está detrás del estéreo.** _____

1. (el sofá/el televisor) _____

2. (el sillón/la estantería) _____

3. (el televisor/el estéreo) _____

4. (el estante/el sofá) _____

La cocina

M (el refrigerador/la estufa) _____ **El refrigerador está cerca de la estufa.** _____

1. (la mesa/el fregadero) _____

2. (la silla/la mesa) _____

3. (el retrato/el teléfono) _____

Nombre _____

C. What does your dream house look like, inside and out? Describe it.

M Tiene el techo rosado. Hay 10 habitaciones. _____

_____

_____

_____

D. The students in the nurse's office are all complaining about their aches and pains. What do they say? Write a sentence saying what hurts each person.

M ADÁN: ¡Ay, me duelen los pies! _____

1. MATEO: _____

2. LUPE: _____

3. PEDRO: _____

4. HUGO: _____

Nombre _____

E. Your friend Manuel has come with you to shop for new clothes. He has strong opinions about clothes, and doesn't hesitate to let you know what he thinks! Write your question and Manuel's answer, based on the words given.

M el suéter / pequeño Manuel, ¿cómo me queda el suéter?

¡Mal! Ese suéter te queda pequeño.

1. el abrigo /pequeño _____

_____

2. la camiseta / corta _____

_____

3. los pantalones / largos _____

_____

F. Look at the picture on page 5 and test your powers of observation. Write the name of each person under each picture. (Careful! There are more people than sentences!)

M El señor Gómez no tiene mucho pelo. Lleva unos pantalones y una camisa.

1. Amalia tiene el pelo corto y rizado. Lleva una camisa y unos pantalones.

2. Javier tiene el pelo negro y corto. Lleva una camiseta y unos pantalones cortos.

3. Elena es guapa. Lleva unos pantalones y una blusa.

4. Diana tiene el pelo rubio y largo. Lleva una camiseta y unos pantalones.

Nombre _____

_____ _____ _____ **Es el señor** _____ _____

Gómez.

G. Look at the picture above and write sentences using the adjectives below and *más, menos, el más* or *la más* and *la menos* or *el menos.* Change the form of the words if you need it.

✓bajo   guapo   tímido   atlético   simpático   antipático

M El señor Gómez es el más bajo. _____

1. _____

2. _____

3. _____

4. _____

5. _____

Nombre _____

H. Esperanza wrote two paragraphs about a typical school morning. Help her finish the paragraphs.

Mis amigas y yo _____ muy cerca de la escuela. Por la mañana
                    (vivir)

nosotras _____ a la escuela. Los conserjes _____ las
          (caminar)   (abrir)

puertas a las ocho en punto.

A las ocho y media mis amigas _____ la clase de arte. Yo
                                (tener)

_____ la clase de ciencias. Yo _____ de comenzar una
   (tener)   (acabar)

clase nueva. A veces _____ a la clase a las ocho y cuarto porque
                        (ir)

_____ ayuda con las lecciones. A mí _____ las
   (querer)   (gustar)

ciencias, pero no _____ todas las lecciones. Los maestros siempre
                   (comprender)

_____ a los alumnos con sus problemas. La clase
   (ayudar)

_____ de comenzar. ¡Luego _____ más!
   acabar   escribir

Nombre _____

I. Rebeca has invited Javier and Alicia for breakfast. They are now preparing everything. Look at the picture and complete the dialogue with *traer*, *poner*, or *gustar* in the correct form.

M REBECA: ¡Hola Alicia! ¿Qué _____**traes**_____?

ALICIA: _____ cerezas y fresas.

JAVIER: ¡Qué bien! A mí _____ mucho las cerezas.

REBECA: ¿_____ también chocolate y leche?

ALICIA: Sí. A mí no _____ la leche, ¿a ustedes

_____, verdad?

JAVIER: A nosotros _____ mucho.

REBECA: También tenemos pan, mermelada y mantequilla.

REBECA: _____ la mesa, aquí tengo el mantel y las servilletas.

JAVIER: Yo _____ las tazas y los platos.

¿_____ las cucharas y los cuchillos, Alicia?

ALICIA: Sí, claro.

JAVIER: ¡Qué rico todo!

Nombre _____

J. You have to do chores before *(antes de)* dinner, and you have to study after *(después de)* dinner. You want to know if other students have the same schedule. Use the words in parentheses to write your friends' answers.

M Juan y Andrés, ¿qué tienen que hacer antes de la cena?
(estudiar y poner la mesa)

Tenemos que estudiar y poner la mesa.

1. Tonia, ¿qué tienes que hacer después de la cena?
(lavar y secar los platos)

_____

2. Darío y Antonio, ¿qué tienen que hacer antes de la cena?
(regar las plantas y sacar la basura)

_____

3. Susana, ¿qué tienen que hacer tus hermanos después de la cena?
(pasar la aspiradora y escribir cartas)

_____

4. Mateo, ¿qué tienes que hacer antes de la cena?
(barrer el piso y quitar el polvo)

_____

5. Beatriz, ¿qué tienen que hacer tus hermanas después de la cena?
(¡nada!)

_____

Nombre _____

K. Graciela wants to become friends with you. What do you have in common? Answer her questions in your own words.

M Mi familia y yo pensamos ir al teatro el sábado. ¿Adónde piensan ir tu familia y tú?

Pensamos ir al mercado el sábado. _____

1. Mis clases comienzan a las nueve. ¿A qué hora comienzan tus clases?

_____

2. Yo puedo patinar bien. ¿Puedes tú patinar?

_____

3. Mi familia quiere ir a México. ¿Adónde quieren ir ustedes?

_____

4. Almuerzo a las once y media. ¿A qué hora almuerzan tus amigos y tú?

_____

L. The Garcías invited Graciela to dinner. Complete the sentences with the correct form of the verbs to tell what Graciela does to get ready to go.

Primero, _____ la ropa sucia. Luego, _____ y
        (quitarse)   (bañarse)

_____. Por último, _____ y _____
   (secarse)   (peinarse)   (ponerse)

ropa limpia. Ahora _____ de la casa. Los García y ella
                     (irse)

_____ a cenar.
    (ir)

Nombre _____

M. You're talking to a new student about the different people who work in your school and where they work. First unscramble the letters. Then write one sentence about each person's job, and a second sentence telling where they work.

M La señora López (dcetairro)

La señora López es la directora. Trabaja en la oficina.

_____

1. el señor Quesada (meorrefne)

_____

_____

2. el señor Cervantes (icorenoc)

_____

_____

3. la señorita Fuentes (oatiriabcelbi)

_____

_____

4. el señor Meléndez (eesstntai aisiainvtortmd)

_____

_____

5. el señor Ramírez (rjcesone)

_____

_____

¿Cómo se dice?

Nombre _____

A. These children are talking about their favorite sports. Can you name them?

M  Nos gusta mucho _____ **el fútbol** _____.

1.  Me gusta _____.

2.  Nos gusta _____.

3.  Me gusta _____.

4.  Nos gusta _____.

5.  Me gusta _____.

¿Cómo se dice?

Nombre _____

A. Look at this list of hobbies. Which of these can be practiced indoors and which can be practiced outdoors? Write them in the correct column. Then write a check mark next to your favorite activities.

jugar al ajedrez

sacar fotos

jugar a las damas

jugar al dominó

jugar a los juegos electrónicos

coleccionar estampillas

montar a caballo

tocar un instrumento

cultivar plantas

ir de pesca

andar en bicicleta

Fuera

ir de pesca _____

_____

_____

_____

_____

Dentro

jugar al ajedrez _____

_____

_____

_____

_____

¿Cómo se dice?

Nombre _____

A. Who plays what? Join the parts of the sentences to find out and write the sentences.

Paco	juegas al baloncesto
Mi hermana y yo	juegan al ajedrez
Tus amigos y tú	juego al fútbol
Yo	juega al béisbol
Tú	jugamos al volibol

M _____ **Paco juega al béisbol.** _____

1. _____

2. _____

3. _____

4. _____

Now, make up new sentences joining the subjects with a different activity and changing the verb as needed.

M _____ **Paco juega al fútbol.** _____

1. _____

2. _____

3. _____

4. _____

Nombre _____

B. Do you and your friends have hobbies? Do you play sports? Write questions for these answers.

M ¿Cuándo juegas al fútbol? _____

Juego al fútbol en verano.

1. _____

Jugamos al baloncesto en invierno.

2. _____

Sí, David juega al fútbol americano los fines de semana.

3. _____

Juegas al ajedrez en invierno.

4. _____

No, ustedes no juegan a las damas en verano.

5. _____

Sí, juego al béisbol en verano.

6. _____

Juegan al volibol en verano.

C. What sports or games do you play well? What sports or games do you not play well? Write three sentences.

M Juego muy bien al ajedrez.
Juego muy mal al fútbol.

1. _____

2. _____

3. _____

¿Cómo se dice?

Nombre _____

A. Antonia and Timoteo are trying to improve themselves. They are discussing their strengths and weaknesses. Complete their conversation by writing the correct form of *ser* in each blank.

ANTONIA: Tú _____ **eres** _____ un buen jugador, ¿verdad?

TIMOTEO: Sí, a veces _____ un buen jugador. Tú también _____ una buena jugadora.

ANTONIA: Gracias, Timoteo. Nosotros _____ simpáticos, ¿verdad?

TIMOTEO: Sí. Pero a veces yo _____ un poco impaciente. Mi papá y mi

hermano _____ impacientes también.

ANTONIA: A veces yo _____ tímida. Mi amiga Lucinda _____ tímida también.

TIMOTEO: Tú y yo _____ muy inteligentes, ¿verdad?

ANTONIA: ¡Claro que sí! Pero no _____ muy modestos.

Nombre _____

B. Alberto is trying to write about the people in his school. Help him out by writing a complete sentence on each line using the words given.

Ⓜ El Sr. Campos / conserje _____ **El Sr. Campos es conserje.** _____

Ⓜ Elena y yo / alumno _____ **Elena y yo somos alumnos.** _____

1. La Sra. Oviedo / enfermera _____

2. Juan y Luis / jugador _____

3. Estela / jugadora _____

4. El Sr. Torres y la Srta. Cano / maestro _____

_____

5. Carla, Raúl y yo / alumno _____

C. What traits do you share with a friend or with a member of your family? Are you tall? Are you generous? Are you impatient? Write five sentences.

Ⓜ Mi amiga y yo somos inteligentes.

Ⓜ Mi hermano y yo somos altos y delgados.

1. _____

2. _____

3. _____

4. _____

5. _____

¡A leer!

Nombre _____

Read the following paragraph *(el párrafo)* and answer the questions.

Tiempo libre

Usamos nuestro tiempo libre de maneras diferentes. A algunas personas les gusta jugar al ajedrez, a otras les gusta tocar el piano, la guitarra, el violín o la trompeta; algunas siempre van de vacaciones y otras, nunca. Hay personas que cultivan plantas y personas que juegan a los juegos electrónicos muchas horas, con la computadora.

A algunos nos gusta jugar o ver deportes como el fútbol o el béisbol. Jugar al fútbol es más divertido que mirar a los jugadores, pero los jugadores necesitan también oír "¡Hurras!" y "¡Vivas!" para poder jugar bien. Los músicos del equipo tocan los tambores y las trompetas para animar al equipo.

In the columns below, write which things named in the paragraph are games people play and which are instruments.

jugar	tocar
al ajedrez	

Now choose your five favorite activities from the chart above and write sentences with each of them.

_____

_____

_____

_____

_____

Nombre _____

Conexión con las matemáticas

Look at all these people and teams. Under each team, write how many people there are and what they play.

M

Nueve jugadores juegan al béisbol. _____

_____

_____

_____

_____

_____

_____

_____

_____

_____

What's the total amount of players on this page? What's the average number of people for all of the teams? Write your calculations below.

Expresa tus ideas

Nombre _____

The members of the Explorers' Club would rather be exploring or hiking or doing just about anything other than sitting in math class. What are they doing in their daydreams? Write at least eight sentences about what you see them doing in the picture.

_____

_____

_____

_____

_____

_____

_____

_____

¡A DIVERTIRSE!  Nombre _____

¡Nombra la actividad!

Imagine that you are on the television game show "¡Nombra la actividad!" You have five minutes to look at pictures and name the activities that go with them.

Your time is up! Now for the bonus point!

¿Cómo se dice?

Nombre _____

A. Can you recognize the places and people in this picture? Write the letters of the places and people you can see next to their names.

M el bombero ___h___

1. el hospital _____

2. el médico _____

3. la policía _____

4. el paciente _____

5. la estación de policía _____

6. la estación de bomberos _____

7. la médica _____

8. el policía _____

9. la paciente _____

10. la bombera _____

¿Cómo se dice?

Nombre _____

A. Are you a good observer? Look at these people and say what they do and where they work.

M   Es una vendedora. Trabaja en la tienda por departamentos. _____

_____

1.

_____

_____

2.

_____

_____

3.

_____

_____

4.

_____

_____

5.

_____

_____

6.

_____

_____

¿Cómo se dice?

Nombre _____

A. You are having a party at your house. You want to know if the guests know one another. Complete each conversation by writing the correct form of *conocer.*

P: Estela, ¿_____ conoces _____ a Inés?

R: Sí, _____ conozco _____ a Inés.

1.

P: Sergio, ¿_____ a Chela y a Mari?

R: No, no _____ a Chela y a Mari.

2.

P: Ana y Tere, _____ a Eduardo?

R: Sí, _____ a Eduardo.

3.

P: Sra. Vélez, ¿_____ al Sr. Maldonado?

R: Sí, _____ muy bien al Sr. Maldonado.

4.

P: Pepe y Leo, ¿_____ a la Srta. Burgos?

R: No, no _____ a la Srta. Burgos.

Nombre _____

B. **Whom do you and your friends know in your community? Read each question, then answer according to whom you know and don't know.**

M ¿Tus amigos y tú conocen una vendedora?

Sí, conocemos una vendedora. Se llama Elena Rojas.

1. ¿Conoces un policía?

   _____

2. ¿Tus amigos y tú conocen un obrero?

   _____

3. ¿Tus amigos y tú conocen un jugador de fútbol americano?

   _____

4. ¿Conoces al dueño de una compañía?

   _____

5. ¿Conoces a un bombero?

   _____

6. ¿Tus amigos y tú conocen una enfermera?

   _____

¿Cómo se dice?

Nombre _____

A. You have been watching too many spy movies. You're sneaking around to observe people and take notes on their activities! Complete each sentence with the correct form of the verb.

M Son las ocho. Tomás está _____**sacando**_____ la basura.
(sacar)

1. Son las nueve y media. Judit está _____ una manzana.
(comer)

2. Son las diez. El policía está _____ a un hombre.
(ayudar)

3. Son las diez y cuarto. Mamá está _____ la puerta.
(abrir)

4. Son las once. Un obrero está _____ a la fábrica.
(caminar)

5. Son las doce. Juan y yo estamos _____.
(almorzar)

6. Son las dos. Papá está _____ en el jardín.
(trabajar)

7. Son las tres. Dos niños están _____ cerca de mi casa.
(correr)

8. Son las tres y media. Me duele la mano porque estoy _____ mucho.
(escribir)

Nombre _____

B. You are asking your sister who in the neighborhood is singing like an injured moose! How does she answer you?

M ¿Canta Carlos?

No. Está pintando. _____

_____

5. ¿Cantan Ana y Pablo?

_____

_____

1. ¿Canta Diana?

_____

_____

6. ¿Cantan Iris y Luis?

_____

_____

2. ¿Canta Manuel?

_____

_____

7. ¿Canta Pepe?

_____

_____

3. ¿Canta Jorge?

_____

_____

8. ¿Canta Yolanda?

_____

_____

4. ¿Canta Delia?

_____

_____

¡A leer!

Nombre _____

Read the following want ads and do the activity below.

A   **HOSPITAL CENTRAL**
Se solicitan
Enfermeras y enfermeros
• Con especialidad en terapia
• Para trabajar por turnos de día y turnos de noche
     Teléfono 3126104
    Sr. Raúl Silvestre, Administrador
	C *SE SOLICITAN*
	    PINTORES
	Trabajo inmediato
	No se requiere experiencia
	Avenida Aragua y Calle Mijares
	    MUEBLES ÚNICOS

B **¡¡¡URGENTE!!!** Compañía internacional solicita personal administrativo, con más de 25 años, para diferentes actividades. Medio tiempo o completo. Llamar a la Sra. de Guzmán, 5731134	**D** **FÁBRICA DE MOTORES** Se solicitan obreros con experiencia. • Horarios mixtos • Beneficios fantásticos • Servicio médico • Semana de cinco (5) días Interesados presentarse en nuestra fábrica de lunes a viernes de 7:45 A.M. a 3:00 P.M.

Underline the words you know in these want ads. Then circle the words whose meanings you can guess. (No fair looking them up in the dictionary!) Next to each picture, write the letter of the ad that would best fit each person.

 _____

 _____

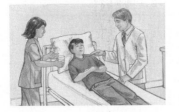 _____

 _____

Nombre _____

Conexión con los estudios sociales

Try to match each of these people with their profession. Remember that words for verbs and professions are often related.

Frida Kahlo   actor

Antoni Gaudí   jugador de fútbol

Jennifer López   pintora

Diego Maradona   cantante

Antonio Banderas   arquitecto

Now choose three of the people and draw them doing something typical of their job. Write captions underneath, using *estar* and the activity they are doing.

_____ _____ _____

_____ _____ _____

☾ ¡APRENDE MÁS! ☽

Nombre _____

Spanish, French, Italian, and English have many words in common. If you know a word in English, you can often guess the meaning of a similar word in one of the Romance languages. Words that have similar spellings and meanings in different languages are called cognates.

How sharp are your detective skills? Look at the words in the following lists of professions. Observe how the words are spelled in French, Italian, and Spanish. Then write the English cognate on the line in the fourth column. The first one has been done for you.

French	Italian	Spanish	English
architecte	architetto	arquitecto	**architect** _____
artiste	artista	artista	_____
dentiste	dentista	dentista	_____
soldat	soldato	soldado	_____
peintre	pittore	pintor	_____
pilote	pilota	piloto	_____
juge	giudice	juez	_____
athlète	atleta	atleta	_____
directeur	direttore	director	_____
musicien	musicista	músico	_____

◉ ¡A DIVERTIRSE! ◉

Nombre _____

Adivina la carrera

For "Career Day," many visitors have turned up. You are in charge of passing out name tags. Use your detective skills to match each visitor to a card. Draw a line to match each card to the right picture.

Andrés Antares,
PLOMERO

María Sucre,
VETERINARIA

Luisa Valle,
REPORTERA

Pancho Corral,
VAQUERO

Guillermo Ruiz,
FOTÓGRAFO

Andrea Ballesteros,
GUARDIA

¿Cómo se dice?

Nombre _____

A. What can you see when you walk around the city? Underline the words that are NOT things you usually see on the street.

la gasolinera	los semáforos	el taxista
la avenida	la computadora	el equipo
el paciente	la farmacia	el coche
la calle	la parada del autobús	

B. One of your friends wants her relatives to experience different ways of seeing the city. What does she suggest? Complete each question according to the picture.

1.  ¿Vamos _____?

2.  ¿Vamos _____?

3. ¿Vamos _____?

4.  ¿Vamos _____?

¿Cómo se dice?

Nombre _____

A. You are walking downtown. What can you see around you? Write the correct words next to the numbers on the list. Below, write the names of other things you can see in the picture.

M 1. <u>una plaza</u>

2. _____

3. _____

4. _____

5. _____

6. _____

una parada de autobús _____

_____

_____

_____

_____

¿Cómo se dice?

Nombre _____

A. You are playing a video game in which you have to find the parking lot in a strange city. Your only guide is a computer voice. Complete each instruction it gives you by using the right form of the word in parentheses.

M _____**Camina**_____ por la plaza.
(caminar)

M _____**Corre**_____ al rascacielos.
(correr)

1. _____ la puerta del rascacielos.
(abrir)

2. _____ las escaleras.
(subir)

3. Si no hay un mapa, _____ las escaleras.
(bajar)

4. _____ la farmacia.
(buscar)

5. _____ un mapa en la farmacia.
(comprar)

6. _____ el mapa en la plaza.
(leer)

7. _____ al mercado.
(caminar)

8. _____ al estacionamiento. ¡Muy bien!
(correr)

Nombre _____

B. Germán is the bossiest person in school. Write the orders he gives you today.

Ⓜ escribir / tu nombre   **3.** comer / tu sándwich

¡Escribe tu nombre! _____   _____

1. pintar / mi retrato   **4.** abrir / las ventanas

_____   _____

2. recoger / mis libros   **5.** contestar / mis preguntas

_____   _____

C. You have decided to teach Germán some manners. It's your turn to give him some instructions. Use *por favor* to write six polite instructions, different from the ones above.

Ⓜ **Abre el buzón, por favor.** _____

1. _____

2. _____

3. _____

4. _____

5. _____

6. _____

¿Cómo se dice?

Nombre _____

A. Choose the correct answer for each situation. Follow the model.

M ¿Qué _____ tu mamá el día de tu cumpleaños?

(a.) sirve

b. servimos

1. ¿Qué _____ tus papás el día de *Thanksgiving?*

a. sirven

b. servimos

2. ¿Qué _____ tú a tus amigos para desayunar?

a. sirvo

b. sirves

3. El camarero _____ la sopa.

a. sirve

b. sirvo

4. ¿Qué _____ tú para comer en tu restaurante favorito?

a. pido

b. pides

5. Mi papá siempre _____ ensalada de cena.

a. piden

b. pide

6. Mis hermanos y yo siempre _____ helado en la playa.

a. pedimos

b. piden

7. Yo siempre _____ a mi hermana mayor por la calle.

a. sigues

b. sigo

8. Paula y yo _____ al maestro.

a. siguen

b. seguimos

Nombre _____

B. What do you and your family order in a restaurant? What do you serve for breakfast or lunch? Use the lists and the model to write sentences about your family's likes.

Mi padre	pedimos...
Yo	sirven...
Yo y mi hermana	piden...
Mis hermanos	pides...
Mi madre	pido...
Tú	sirvo...
Ustedes	pide...

M **Mi padre pide siempre pollo para comer.** _____

1. _____

2. _____

3. _____

4. _____

5. _____

6. _____

C. Answer these questions.

M ¿Qué sirves en casa cuando hay amigos? _____ **Sirvo chocolate.** _____

1. ¿Qué pides el día de tu cumpleaños de cena? _____

2. ¿Qué pide tu mamá en el restaurante? _____

3. ¿Qué piden tus hermanos y tú en verano de almuerzo? _____

4. ¿Qué sirven en tu casa de cena? _____

¡A leer!

Nombre _____

Read the following paragraphs and follow the directions below.

El buffet

En muchos hoteles, sirven un buffet. Es la mesa donde las personas se sirven todas las cosas que quieren de platos diferentes y deciden dónde sentarse. Es también una buena solución para los cumpleaños y otras comidas. Tienes que ofrecer distintos platos. Pero no tienes el problema de saber poner los cubiertos junto al plato, a la derecha (cuchara y cuchillos) y a la izquierda (tenedores), por ejemplo.

Pon los platos al principio y al final de la mesa. Todo tiene que estar bien caliente antes de servirlo, por supuesto. Y pon cucharas de servir para cada plato. El día antes, compra muchas servilletas y vasos de papel, ¡para limpiar menos en la cocina!

Draw a place setting, as described in the second paragraph. Label each item on your drawing. ▶

Make a drawing of a buffet table. Include as many details as you can, based on the description above. Label the details with phrases from the above reading. ➡

Nombre _____

Conexión con las ciencias

Do you remember the names of planets in Spanish? What about the order they're in? Look at this picture and label the planets. Then color the planets.

Here are some clues:

El más grande es Júpiter.

El que está más cerca del Sol es Mercurio.

El que está más lejos del Sol es Plutón.

El que está más cerca de la Tierra es Venus.

Marte está entre la Tierra y Júpiter.

Saturno está entre Júpiter y Urano.

Neptuno está entre Plutón y Urano.

Expresa tus ideas

Nombre _____

Srta. Aventura and members of the Explorers' Club are starting out in the parking lot. Each person wants to do something different. Choose three club members and write instructions for each.

BERTA: Quiero comprar frutas en el mercado. ¿Dónde está?

PACO: Tengo dolor de cabeza. ¿Dónde está la farmacia?

LUIS: Mi primo está en el hospital. ¿Dónde está el hospital?

RITA: ¿Dónde compro ropa nueva?

JOSÉ: ¡Tengo hambre! ¿Adónde voy?

PEPE: Quiero jugar a los juegos electrónicos. ¿Hay juegos en la ciudad?

ANA: Quiero ir al teatro y luego quiero ir al cine. ¿Dónde están?

Hospital central	A la Moda (tienda de ropa)	Almacén Zamora	**Calle Monte**	Edificio Trujillo (rascacielos)	Farmacia Miraflores

Avenida Bella

Estación de bomberos	**Calle Miranda**	Teatro municipal	**Calle Torres**	Plaza de la Paz	**Calle Comercio**	Parada de autobuses / Compañía Aventura

Avenida San Mateo

Escuela secundaria Bolívar	Restaurante Hidalgo	La Casa Mágica (juegos electrónicos)	Cine Millonario	**Calle Corto**	Estación de policía	**Calle Milán**

Avenida de la Fortuna

X el estacionamiento	Tienda de animales	Taxis	Fábrica	Gasolinera	Mercado Poblano

_____

_____

_____

_____

_____

_____

¡A DIVERTIRSE!

Nombre _____

Un rompecabezas

Read the descriptions and write the words in the blanks. Use the numbers to discover the safety tip.

1. Muchos vendedores venden frutas y otras cosas. Puedes comprar mucho aquí.
   ¿Qué es?

   el ___ ___ ___ ___ ___ ___ ___
      1   2   3   4   5   6   7

2. Las personas compran gasolina para los coches aquí. ¿Qué es?

   la ___ ___ ___ ___ ___ ___ ___ ___ ___ ___
      8   9 10 11 12 13 14 15 16 17

3. Es un edificio muy alto. Hay muchos en las ciudades grandes. ¿Qué es?

   el ___ ___ ___ ___ ___ ___ ___ ___ ___ ___ ___
     18 19 20 21 22 23 24 25 26 27 28

4. Las personas suben al autobús aquí. A veces bajan del autobús aquí. ¿Qué es?

   la ___ ___ ___ ___ ___ ___   ___ ___
     29 30 31 32 33 34   35 36

   ___ ___ ___ ___ ___ ___ ___
   37 38 39 40 41 42 43

¿Qué tienes que hacer al subir a un automóvil? Es muy importante.

___ ___ ___ ___ ___ h ___ ___ ___ ___   ___ ___
5 41 31 7 23   9 3 39 25   36 26

___ ___ ___ ___ ___ ___ ___ ___
21 13 14 39 38 18 40 14

Nombre _____

A. Srta. Canseco doesn't know much about sports and games. Use the pictures to answer her questions.

M

¿A qué juega Diego?

Juega al ajedrez. _____

1.

¿A qué juegan Jorge y Sara?

_____

2.

¿A qué juega Teresa?

_____

3.

¿A qué juegan Mario y Paco?

_____

4.

¿A qué juega Juanita?

_____

Nombre _____

B. Whom do you know in the neighborhood? Little Horacio is curious. Complete the sentences with the correct form of *conocer* to answer his questions.

M ¿_____**Conoces**_____ al Sr. Trujillo?

¡Claro que sí! También _____**conozco**_____ a su hija Mariela.

1.

¿Tus hermanos _____ a Luisito?

¡Claro que sí! También _____ a su hermana Mónica.

2.

¿_____ a Flora?

¡Claro que sí! También _____ a su primo Federico.

3.

¿Tus amigos y tú _____ a Samuel?

¡Claro que sí! También _____ a su primo Eduardo.

4.

¿Tu mamá _____ a Dolores?

¡Claro que sí! También _____ a su hermanito Diego.

Nombre _____

C. You want someone to go to the movies with you. Everyone is busy at the moment. What do they say they are doing when you ask them to go?

 Adela, ¿quieres ir al cine?

_____

1.  Ricardo, ¿quieres ir al cine?

_____

2.  Diana, ¿quieres ir al cine?

_____

3.  Papá, ¿quieres ir al cine?

_____

4.  Pancho, ¿quieres ir al cine?

_____

Nombre _____

D. You are describing different people in your classroom, including yourself. Be sure to use the correct form of *ser* to complete each sentence.

M Ramón _____es_____ muy inteligente.

1. Mabel y Rogelio _____ muy generosos.

2. María _____ muy atlética.

3. Felipe y yo no _____ altos.

4. Graciela _____ muy tímida.

5. Francisco y Luisa _____ populares.

6. Yo no _____ muy _____.

E. Cecilia is very curious about your family. And you love talking about them. How will you describe them? Finish the sentences that are appropriate for your family. You can describe their personality or their physical traits. Use the verb *ser.*

M Mi mamá _____es alta y generosa_____.

1. Mi hermano _____.

2. Mi hermana _____.

3. Mi padre _____.

4. Mi papá y mi mamá _____.

5. Mis hermanos _____.

6. Mi hermano y yo _____.

7. Mi hermana y yo _____.

8. Mis hermanos y yo _____.

Nombre _____

F. These people are lost in town. Complete the dialogues and give them directions. Use the verbs in brackets.

M ¿Dónde está la calle Peral?

_____**Sigue**_____ (seguir) derecho y _____**dobla**_____ (dobla) a la derecha.

1. ¿Dónde está la farmacia?

_____ (seguir) derecho y _____ (doblar) a la izquierda.

2. ¿Dónde está la plaza?

_____ (seguir) derecho.

3. ¿Dónde está la parada de autobús?

_____ (doblar) a la izquierda, luego _____ (doblar) a la derecha y ahí está.

G. You need to ask your friend to do some things. But be polite! Write commands using the imperative, and remember to use *por favor*.

M escribir _____**Escribe tu nombre, por favor.**_____

1. comer _____

2. abrir _____

3. correr _____

4. recoger _____

5. pintar _____

Nombre _____

H. Paula and Ricardo are talking about food they like, what they do when they eat out and what their families eat. Complete their conversation using *servir* and *pedir* in the correct form.

PAULA: Siempre ____pido____ pollo cuando voy al restaurante.

RICARDO: A mí también me gusta, pero yo siempre _____ pescado.

PAULA: Mis papás también siempre _____ pescado.

RICARDO: Mis hermanos también siempre _____ pollo, como tú.

PAULA: Mi mamá siempre _____ pollo los domingos en casa.

RICARDO: Mi mamá _____ arroz los domingos. ¿Qué

_____ en tu casa el día de Acción de Gracias?

PAOLA: _____ pavo, arroz y guisantes.

RICARDO: Mis abuelos también _____ pavo. Siempre comemos en su casa el Día de Acción de Gracias.

PAOLA: Y mi papá siempre _____ el café.

RICARDO: En mi casa, mis hermanos y yo _____ el café.

¿Cómo se dice?

Nombre _____

A. What places and forms of transportation can you see in a city? Unscramble the letters and write the correct letter next to each name.

M le utrpeo _____ el puerto _____   A

1. el nviaó _____   _____

2. le rbaoc _____   _____

3. la esacntió ed rntese _____   _____

4. le aeerpurtoo _____   _____

5. el ntre _____   _____

A    B    C

¡Piénsalo!

See how quickly you can answer these questions.

¿Dónde hay barcos?

_____

¿Dónde hay aviones?

_____

¿Dónde hay trenes?

_____

¿Cómo se dice?

Nombre _____

A. Geography has always been one of your best subjects. Use the phrases in the list to complete the sentences telling where each country is located.

América del Norte   América Central   Europa   América del Sur

M Bolivia es un país de _____ **América del Sur** _____.

1. Panamá es un país de _____.

2. España es un país de _____.

3. Honduras es un país de _____.

4. Chile es un país de _____.

5. Estados Unidos es un país de _____.

6. Portugal es un país de _____.

7. Colombia es un país de _____.

8. Venezuela es un país de _____.

9. Canadá es un país de _____.

10. Costa Rica es un país de _____.

¡Piénsalo!

Circle the country that doesn't belong.

1. Cuba
   República Dominicana
   Puerto Rico
   Bolivia

2. España
   Argentina
   Perú
   Ecuador

Nombre _____

B. Your class has prepared a map of Central America, South America and the Caribbean, but you have run out of vowel cards. You will have to write vowels by hand. Fill in the missing vowels, and then circle the sections of the map with different colors as follows:

América del Sur = verde

América Central = rojo

El Caribe = azul

___RG___NT___N___   C___ST___ R___C___

B___L___V___ ___   G___ ___T___M___L___

CH___L___   H___ND___R___S

C___L___MB___ ___   N___C___R___G___ ___

___C___ ___D___R   P___N___M___

P___R___G___ ___Y   ___L S___LV___D___R

P___R___   C___B___

___R___G___ ___Y   P___ ___RT___ R___C___

V___N___Z___ ___L___   R___P___BL___C___

B___L___C___   D___M___N___C___N___

¿Cómo se dice?

Nombre _____

A. Your teacher has asked you to write a report on nationalities. Complete each sentence with the correct nationality.

M Las personas que viven en Puerto Rico son _____puertorriqueñas_____.

1. Las personas que viven en Ecuador son _____.

2. Las personas que viven en Chile son _____.

3. Las personas que viven en Panamá son _____.

4. Las personas que viven en Nicaragua son _____.

5. Las personas que viven en México son _____.

B. Sr. Figueroa wants to check if everyone has been paying attention. How well can you do on his "quick quiz"? Use the information about where everyone is from to give their correct nationalities.

M Migdalia es de Guatemala. Ella es _____guatemalteca_____.

1. Pierre es de Haití. Él es _____.

2. Nélida es de Perú. Ella es _____.

3. Tania y Patricia son de Uruguay. Ellas son _____.

4. Óscar y Martín son de Costa Rica. Ellos son _____.

¿Cómo se dice?

Nombre _____

A. Susana has created some rebus puzzles for you to solve. Look at the words and pictures, and then write the complete sentence on the line provided.

M Luis va a

1. Margarita va a

2. Javier va a

3. Irene va a

4. Yo voy a

M _____ **Luis va a España en avión.** _____

1. _____

2. _____

3. _____

4. _____

Nombre _____

B. What form of transportation do you take for short distances? What kind of transportation will you take for long distances? Answer each question according to what you think is the best method of transportation.

M ¿Cómo vas al mercado?

Voy al mercado en autobús.
_____

1. ¿Cómo vas a Europa?

   _____

2. ¿Cómo vas al centro de tu ciudad?

   _____

3. ¿Cómo vas a México?

   _____

4. ¿Cómo vas a la República Dominicana?

   _____

5. ¿Cómo vas a la escuela por la mañana?

   _____

6. ¿Cómo vas a América del Sur?

   _____

¡Piénsalo! ～～～～～～～～～～～～～～～～

Match the picture to its label and then answer the question below.

Un burro    Una nave espacial

¿Cómo vas a otro planeta: en burro o en nave espacial?

_____

¡A leer!

Nombre _____

Read this paragraph and do the activity below.

Desiertos misteriosos

Tres de los lugares más misteriosos del mundo son los desiertos de Nazca, Atacama y Pisco. Los tres lugares están en la costa sudamericana del océano Pacífico, entre Perú y Chile. En su arena hay dibujadas figuras muy grandes.

   En el desierto de Atacama, en Chile, hay un gigante de 120 metros en la arena. Sólo podemos ver el gigante desde un avión o helicóptero. En Pisco, en el desierto peruano de Paracas, hay un candelabro muy grande, de casi 200 metros. En el desierto de Nazca, en Perú, entre los Andes y el océano Pacífico, hay cientos de líneas rectas, dibujos geométricos y figuras de animales.

Nota:
Desierto means "desert."
Arena means "sand."
Candelabro means "candelabra (complex candlestick)."

Match the names of the places with the pictures, according to the text you just read. Under each one, write the name of the country where it is found.

Atacama   Pisco   Nazca

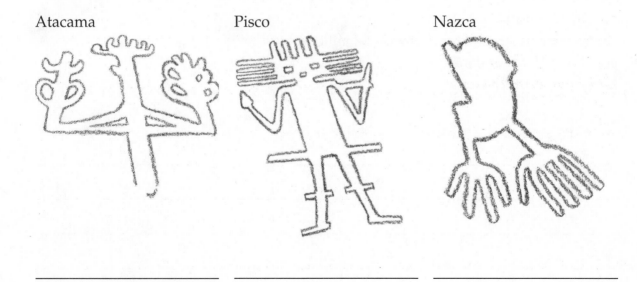

_____   _____   _____

Nombre _____

Conexión con las matemáticas

Look at this pie chart. It represents different groups of foreign-born Spanish speakers who live in the United States. Use the information below to label each wedge of the pie with the group it represents. Then write sentences telling how many people from each region live in the United States.

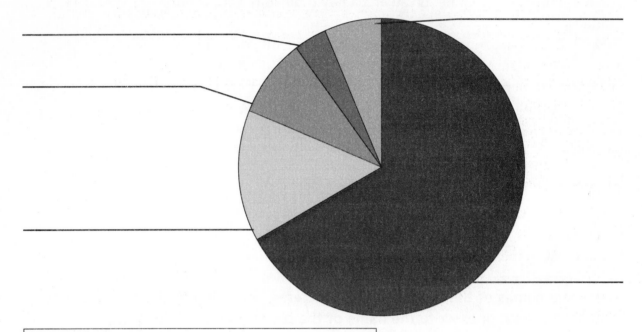

otros 1 millón
puertorriqueños 1.3 millones
centroamericanos y sudamericanos 2.2 millones
cubanos 577,000 millones
mexicanos 10.4 millones

Source: U.S. Census

_____

_____

_____

_____

_____

 ¡APRENDE MÁS!

Nombre _____

Have you ever borrowed anything from a friend? Languages sometimes take some words they need from other languages. These words are called **loan words.**

One reason languages borrow words is that they need to express something they cannot express with the words they already have. This may happen because the word refers to a new or imported object or concept. Languages come into contact with each other through trade and travel, and lend and borrow words from each other. Sometimes these words are adopted exactly as they are spelled in the original language, and sometimes they are adapted.

Here is a list of words that Spanish has borrowed from English. Can you find the English original?

English	Spanish
sweater	escáner
football	estrés
stress	fútbol
roast beef	suéter
scanner	rosbif

Here is a list of words that English has borrowed from Spanish. Can you find the Spanish original?

English	Spanish
ranch	lazo
canyon	lagarto
lasso	cañón
alligator	estampida
stampede	rancho

 ¡A DIVERTIRSE!   Nombre _____

Un juego internacional

In the column on the left are the names of countries. In the column on the right are the names of capital cities. How many capital cities do you know without looking at a map? Write the letter of the capital city on the line next to its country.

_____ Bolivia		**a.**	Madrid
_____ Nicaragua		**b.**	México, D.F.
_____ España		**c.**	Caracas
_____ Panamá		**d.**	Santiago
_____ República Dominicana		**e.**	Lima
_____ Paraguay		**f.**	Managua
_____ Chile		**g.**	Asunción
_____ Venezuela		**h.**	La Paz
_____ Perú		**i.**	La Habana
_____ México		**j.**	Santo Domingo
_____ Cuba		**k.**	Buenos Aires
_____ Argentina		**l.**	Panamá

¿Cómo se dice?

Nombre _____

A. You are helping your grandfather plan a trip. Use the list to complete the sentences about your grandfather's trip planning.

un billete   un viajero   ✓viajar   descansar

la agente   pagar   la agencia   costar

M Mi abuelo piensa _____**viajar**_____ muy lejos.

1. Mi abuelo viaja mucho. Es _____ con mucha experiencia.

2. Primero, tenemos que ir a _____ de viajes.

3. A _____ de viajes le gusta ayudar a las personas.

4. Abuelito tiene que comprar _____.

5. Va a _____ muchos dólares.

6. Mi abuelo tiene que _____ trescientos dólares.

7. ¡Pero sabe que va a poder _____ mucho en su viaje!

B. You are planning a trip. Write four questions to ask your travel agent.

M ¿Es bonito México?

¿Va a costar mucho el billete?

1. _____

2. _____

3. _____

4. _____

¿Cómo se dice?

Nombre _____

A. Your family is planning to take a trip to go on vacation this winter. Where do family members want to go? Use the pictures as clues to see how they answer your questions.

M  Emilio, ¿adónde quieres ir?

Quiero ir a la selva. _____

1.  Cecilia, ¿adónde quieres ir?

_____

2.  Ramón y Tania, ¿adónde quieren ir?

_____

3.  Abuelita, ¿adónde quieres ir?

_____

4.  Mamá y papá, ¿adónde quieren ir?

_____

¿Cómo se dice?

Nombre _____

A. Elena is back from her vacation and is showing you her photo album. She took some notes to write captions under each picture. Choose the right words for each picture and write the caption for her.

1. Yo / nadar / en la playa / todos los días
2. Mis hermanos / montar a caballo
3. Mis papás / leer libros
4. Mi mamá / pintar cuadros
5. Mi papá / sacar fotos
6. Nosotros / subir montañas / a veces

M

Mis hermanos montan a caballo. _____   _____

_____   _____

_____   _____

Nombre _____

C. Enrique has written a paragraph about his favorite aunt, who is a photographer *(fotógrafa)*. Help him finish it. Complete each sentence using the correct form of the verb in parentheses.

Mi tía Adriana

Mi tía Adriana _____ fotógrafa. Ella _____ a muchos
             (ser)   (ir)

países para sacar fotos. Ahora ella _____ en el Atacama, un desierto en
                                              (estar)

Chile. Yo _____ fotógrafo también. Algunas veces mi tía y yo
          (ser)

_____ al río. Otras veces _____ a una ciudad. Todos
       (ir)   (ir)

los amigos de mi tía _____ fotógrafos. Ahora, dos amigos
                         (ser)

_____ en Costa Rica. Ellos siempre _____ a las selvas
      (estar)   (ir)

en el otoño. El trabajo de los fotógrafos _____ muy interesante.
                                       (ser)

¿Cómo se dice?   Nombre _____

A. Your neighbor Pepito asks many questions. Maybe someday he'll become a detective! Use the words in parentheses to complete his questions.

M (poder)   ¿Cuándo _____ puedes _____ tú viajar?

1. (almorzar)   ¿Dónde _____ tus amigos y tú?

2. (volver)   ¿A qué hora _____ tus hermanos?

3. (poder)   ¿_____ yo correr en la casa?

4. (probar)   ¿_____ tus amigos los platos tropicales?

5. (costar)   ¿Cuánto _____ un billete a Canadá?

B. Now you can answer some of Pepito's questions. Answer Pepito's questions in Exercise A using the words in parentheses in this exercise.

M (en el verano)   **Puedo viajar en el verano.** _____

1. (en el comedor)   _____

2. (a las cuatro)   _____

3. (no / en la casa)   _____

4. (a veces)   _____

5. (muchos dólares)   _____

Nombre _____

C. Inés and her friends are practicing their comedy skits for the talent show. Help them out when they forget a word. Complete their conversations using the correct form of a verb from the list.

estar　　　　　　　　　　cerrar　　　　　　　　　　ser

comenzar　　　　　　　　pensar　　　　　　　　　costar

M　　INÉS: La clase de matemáticas _____**comienza**_____ en quince minutos.

　　　　¡Y nosotros _____**estamos**_____ muy lejos de la escuela!

1.　HUGO: ¿Qué _____ hacer? ¡La clase _____ en cinco minutos!

　　INÉS: ¡_____ correr mucho!

2.　PAPÁ: ¿Por qué _____ las ventanas, chicos? Hace calor.

　　NIÑO: _____ las ventanas porque hay un pájaro muy grande en el patio.

　　PAPÁ: ¡Hijos! No _____ un pájaro. ¡_____ el nuevo sombrero de mamá!

3. HOMBRE: ¿Dónde _____ ustedes pasar las vacaciones?

　　MUJER: _____ viajar a Colombia, a España, a Puerto Rico y a México.

　　HOMBRE: ¡Uy! ¿_____ mucho los billetes?

　　MUJER: ¿Qué billetes? _____ ir al cine todos los días.

¡A leer!

Nombre _____

Read these paragraphs and answer the questions.

Otros lugares misteriosos de América Latina

En México
Teotihuacán. El centro religioso más importante de la América precolombina. Construido con cálculos astronómicos exactos.

Palenque. El lugar elegido por los mayas para estudiar el cielo. Está en el estado mexicano de Chiapas.

En Costa Rica
Isla del Coco. Dicen que en esta isla costarricense hay tres tesoros de piratas.

En Colombia
Lago Guatavita. Dicen que El Dorado, la leyenda de los españoles, está en el lago Guatavita, a 50 kilómetros de Bogotá, la capital colombiana.

En Perú
Machu Picchu. Son templos, palacios y observatorios incas; están en las montañas de Los Andes.

1. ¿Qué lugares misteriosos podemos visitar en América Latina?

   _____

2. ¿Dónde está Palenque?

   _____

3. ¿Qué es Chiapas?

   _____

4. ¿Está lejos el lago Guatavita de la capital de Colombia?

   _____

5. ¿Dónde está la isla del Coco? ¿Qué hay en la isla?

   _____

6. ¿Dónde está Machu Picchu?

   _____

Nombre _____

Conexión con los estudios sociales

Make a map of your ideal vacation destination. First, draw the outline of your imaginary country. Then make a map key and add symbols for all the different fun places you will add to it, such as beaches, volcanoes, lakes, mountains, etc.

Now write a promotional paragraph saying why this is the ideal vacation destination. Include the cost of tickets, the sights people can see, things they can do, etc.

_____

_____

_____

_____

_____

Expresa tus ideas

Nombre _____

The Explorers' Club is back again! They are making plans for an exciting trip this year. Will they ever agree on a destination? Write at least five sentences based on the picture.

_____

_____

_____

_____

_____

_____

_____

_____

_____

¡A DIVERTIRSE!

Nombre _____

En busca del tesoro

Mario Ojos de Águila and his brave assistant Victoria Valiente are searching for the treasure of the enchanted emerald. They are lost and have radioed for your help. Lead them out of the rain forest to the enchanted emerald by tracing the correct route.

¿Cómo se dice?   Nombre _____

A. You spent hours arranging the bulletin-board display. Overnight, someone removed all the labels from under the pictures! Match each label to a picture in order to rearrange the display. Write the correct name for each item or person.

_____el equipaje_____   _____   _____

_____   _____   _____

_____   _____

1. (la maleta)   4. (la asistente de vuelo)   7. (el pasajero)

2. (los asientos)   5. (el horario)   8. (el asistente de vuelo)

3. (la piloto)   6. (el equipaje)

¿Cómo se dice?

Nombre _____

A. You love to go to the airport just to watch the people and activity. What do you observe? Use the list of words to complete the sentences.

hacer fila	los pilotos	✓ despega
vuela	aterriza	a tiempo
cómodos	los asistentes de vuelo	la maleta

M El avión sale del aeropuerto. El avión _____ **despega** _____.

1. Otro avión llega al aeropuerto. Ese avión _____.

2. Antes de subir al avión, los pasajeros tienen que _____.

3. Un vuelo no llega tarde y no llega temprano. Llega _____.

4. _____ preparan los instrumentos del avión.

5. Dentro del avión, los pasajeros buscan los asientos más _____.

6. _____ ayudan a los pasajeros.

B. Your friend Lucinda works at the airport, announcing the flight arrivals and departures. What is she announcing now? Write each sentence using *llega* or *sale.*

M (vuelo 93 / llegada: 11:15) _____ **El vuelo 93 llega a las once y cuarto.** _____

1. (vuelo 22 / salida: 2:30) _____

2. (vuelo 15 / salida: 6:30) _____

3. (vuelo 32 / llegada 4:00) _____

4. (vuelo 57 / llegada: 5:10) _____

¿Cómo se dice?

Nombre _____

A. Wilfredo forgot to eat breakfast this morning. He is impatient as he stands in line for lunch in the cafeteria. Who is in line ahead of him? Use the correct form of *hacer* to complete each question and answer.

M P: Luis, ¿_____ **hacen** _____ fila Lupe y José?

R: Sí, ellos _____ **hacen** _____ fila.

1. P: Daniel, ¿_____ fila?

   R: Sí, _____ fila.

2. P: Elena, ¿_____ fila Carlota y tú?

   R: Sí, _____ fila.

3. P: Sra. González, ¿_____ fila usted?

   R: Sí, _____ fila.

4. P: Paula y Blanca, ¿_____ fila ustedes?

   R: Sí, _____ fila.

5. P: Francisco, ¿_____ fila?

   R: Sí, yo _____ fila también.

Wilfredo: ¡Caramba! ¡No voy a comer nunca!

Nombre _____

B. Margarita has just received a letter from Lorenzo, her cousin who lives in Puerto Rico. What does he tell her? Read the letter, then answer the questions.

Querida Margarita:

Saludos desde Puerto Rico. Hace muy buen tiempo en nuestra isla.

Mis padres y yo hacemos planes para viajar a España en diciembre. Pensamos ir a Madrid y a la Costa del Sol.

En enero, hago un viaje a Florida con mi clase. En enero, siempre hace sol en Florida. Nosotros hacemos planes para ir a las playas bonitas. No queremos ir a los parques de atracciones, porque no nos gusta hacer fila.

Con cariño,

Lorenzo

1. ¿Qué tiempo hace en Puerto Rico?

_____

2. ¿Qué hacen Lorenzo y sus padres?

_____

3. ¿Adónde van a hacer un viaje?

_____

4. ¿Qué hace Lorenzo en enero?

_____

5. ¿Con quiénes va a hacer el viaje?

_____

6. ¿Qué planes hacen ellos?

_____

¿Cómo se dice?

Nombre _____

A. Can you spot a liar? Can you tell when someone is telling the truth? Look at these people and read what they are saying. Then decide if they are telling *la verdad* or *una mentira.*

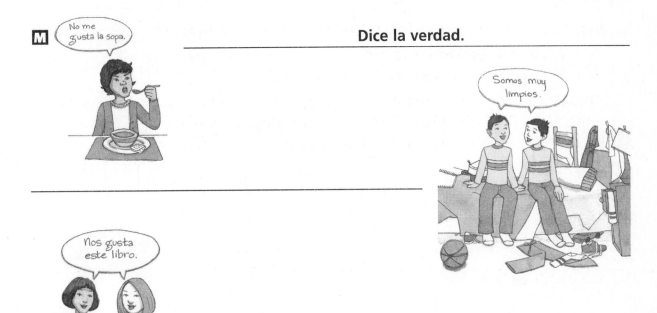

M No me gusta la sopa.

Dice la verdad. _____

Somos muy limpios.

_____

Nos gusta este libro.

_____

B. You are asking a lot of questions today! Look at the questions you've asked and the answers you got. Then tell someone else what the answers were.

Tú: ¿Podemos ir a la playa?

Tus amigos: No, más tarde.

Dice que no. _____

Tú: ¿Puedo abrir la ventana?

Tu maestro: Sí, claro.

_____

Tú: ¿Podemos ir al parque?

Tus papás: Sí, pueden ir.

_____

Tú: ¿Puede ir al baño?

La asistente de vuelo: No, ahora vamos a aterrizar.

_____

Nombre _____

C. It seems that every two minutes, someone is saying something to Felipe. Are you having a day like that, too? Write at least six sentences using words from each column. First look at Felipe's sentences to get some ideas.

mis papás	digo que	tener (examen, frío . . .)
el maestro	dices que	ir a (viajar, cantar . . .)
la maestra	dice que	ser (simpático, inteligente . . .)
mis amigos	decimos que	gustar (la película, la clase . . .)
yo	dicen que	tener que (estudiar, lavar . . .)
tú		hacer (frío, buen tiempo . . .)
nosotros		

M El maestro dice que tenemos que estudiar mucho.

Mis amigos dicen que no les gustan las películas largas.

Tú dices que hace muy mal tiempo hoy.

Yo digo que mis amigos son simpáticos.

1. _____

2. _____

3. _____

4. _____

5. _____

6. _____

¡A leer!

Read the following text and answer the questions.

Notas para el viajero

Podemos decir que en México el tren es un recuerdo, de noventa años atrás. Para viajar por un país de dos millones de kilómetros cuadrados, el viajero debe decidir entre el avión y el autobús. El autobús se llama también **camión** en México. Es muy necesario, porque el avión es caro, y cuesta unos 250 dólares por billete.

   Pero en México viajar en autobús cuesta menos dinero que en otros países. Además, desde la ventana los pasajeros ven cactos, tierra árida, selva tropical, playas, bosques... Muchos de los viajes duran más de diez horas, con paradas frecuentes.

> Nota:
> **Recuerdo** means "memory."
> **Atrás** means "back."

1. ¿Viajan mucho las personas en tren en México?

   _____

2. ¿En qué viajan más las personas en México: en autobús o en avión? ¿Por qué?

   _____

3. ¿Cuesta mucho el billete de avión en México?

   _____

5. ¿Cuántas horas duran algunos viajes en autobús?

   _____

6. ¿Hacen muchas paradas los autobuses?

   _____

Nombre _____

Conexión con las matemáticas

There are 24 hours in a day, 60 minutes in an hour, and 60 seconds in a minute. Look at how long these people's flight planes took, and say which took longer. If they all left at the time shown, say at what time each arrived.

Phoenix—Bogotá, salida 2:30 P.M.

Laura: 5.5 horas _____ **Llega a las 8:00 P.M.** _____

Luis: 240 minutos _____

Lidia: 16,200 segundos _____

Caracas—Madrid, salida 8:00 P.M.

Sara: 10.5 horas _____

Santi: 540 minutos _____

Sandra: 36,000 segundos _____

México, DF—Buenos Aires, salida 5:30 A.M.

Ramón: 5 horas _____

Raquel: 300 minutos _____

Rosa: 18,000 segundos _____

Why don't you make some fun calculations? Find:

¿Cuántos segundos duermes al día? _____

¿Cuántos minutos estás en la escuela al día? _____

¿Cuántos segundos miras la televisión? _____

¡APRENDE MÁS!

Two different words that have the same, or almost the same, meaning are called synonyms. In Spanish, there are many words that have synonyms. For example, the words *avión* and *aeroplano* are synonyms. Study the following list of synonyms in Spanish.

La palabra	Los sinónimos
el billete	el boleto, el pasaje
el país	la nación, la patria
poner	colocar
la maleta	la valija
cómico	divertido, gracioso, chistoso
el compañero	el colega, el camarada
hacer (una cosa)	producir, fabricar
hablar	conversar, platicar
el coche	el auto, el carro
la asistente de vuelo	la aeromoza, la azafata

Read the following sentences. Find a synonym in the list above for each word in heavy black letters. Then rewrite the sentence, using the synonym.

La **asistente de vuelo pone** las **maletas** de los pasajeros debajo de los asientos.

_____

Mi **compañero** no quiere comprar **un billete**.

_____

Los obreros **hacen coches** en la fábrica.

_____

Me gusta **hablar** con las personas **cómicas**.

_____

 ¡A DIVERTIRSE! ◎   **Nombre** _____

Busca las palabras

First, read the sentences. Then look in the puzzle for each word in a sentence that is in heavy, **black** letters. The words may appear across, down, or diagonally. When you find a word, circle it. After you have circled all the words, you will find in the remaining letters the name of a country that is noted for its coffee.

1. La **piloto** siempre tiene un **asiento cómodo.**

2. **Hago fila** con mis amigos.

3. La **pasajera viaja** con una **maleta** grande.

4. La asistente de vuelo **busca** la **salida** del vuelo en el horario.

5. ¿Tú **dices** que el avión **vuela** primero y **despega** luego? ¡Imposible!

```
P  I  L  O  T  O  C  O
M  A  L  E  T  A  O  L
D  E  S  P  E  G  A  S
C  B  O  A  A  M  A  A
Ó  U  D  H  J  L  L  L
M  S  I  B  I  E  I  I
O  C  C  F  U  A  R  D
D  A  E  V  I  A  J  A
O  A  S  I  E  N  T  O
```

_____ produce mucho café.

Nombre _____

A. Your key pal Sara has written you an e-mail to tell you about what she and her family do on their vacation, but she cannot remember the correct form of the verbs she wants to use. Help her out.

Mi familia y yo vamos de vacaciones a un pueblo pequeño en la montaña. Nos gusta

mucho. Mis hermanos y yo _____ **nadamos** _____ (nadar) todos los días en el lago. Yo

también _____ (leer) mucho, especialmente libros de aventuras.

Muchos días _____ (comer) bocadillos y ensalada cerca del lago. A

veces mis papás, mis hermanos y yo _____ (subir) las montañas y

entonces _____ (comer) en la montaña. Mi mamá siempre

_____ (sacar) fotos. Mi papá no saca muchas fotos. A él le gusta pintar.

Por las tardes _____ (pintar) en el jardín. Mi hermano pequeño

_____ (montar) a caballo, pero yo no. Tenemos muchos amigos y

muchos días nos _____ (visitar) y _____ (comer) con

nosotros. A veces también mis abuelos _____ (visitar) nuestra casa.

¿Y tú? ¿Qué haces en vacaciones? ¿Adónde vas? ¿_____ (nadar) en

la playa o en la piscina? ¿_____ (subir) montañas?

¿_____ (visitar) a tus familiares?

Cuéntame todo.
Un beso,
Sara

B. Now, on another piece of paper, write your reply to Sara's e-mail. Be sure to answer all her questions!

Nombre _____

C. Sr. Rodríguez has misplaced his answer key to today's quiz. Help him make a new one. Draw a line from each description to the right picture. Then write the word or words describing each picture to the right. (Careful: there are more pictures than descriptions.)

Despega, vuela y aterriza.
¿Qué es?

Ayuda a los pasajeros. ¿Quién
es?

Ayuda a los viajeros a
comprar billetes. ¿Quién es?

Muchas personas están en la
entrada. ¿Qué hacen?

¡Hace calor! No quieres hacer
muchas cosas. ¿Qué quieres
hacer?

Nombre _____

D. **What do you answer if you are asked these questions? What do other people answer? Follow the model to answer the questions.**

1. ¿Qué dices si una persona pregunta . . . "¿Quieres ir al cine?"

   Digo que sí. _____

   ¿Qué dices si una persona pregunta . . . "¿Dices mentiras?"

   _____

   ¿Qué dices si una persona pregunta . . . "¿Te gusta nadar?"

   _____

2. ¿Qué dice tu maestro si preguntas . . . "¿Puedo abrir la ventana?"

   _____

   ¿Qué dice tu maestro si preguntas . . . "¿Puedo hablar en voz alta?"

   _____

   ¿Qué dice tu maestro si preguntas . . . "¿Puedo estar en el patio y no ir a clase?"

   _____

3. ¿Qué dicen tus papás si preguntas . . . "¿Puedo ir al cine con mis amigos?

   _____

   ¿Qué dicen tus papás si preguntas . . . "¿Puedo ir al parque?"

   _____

   ¿Qué dicen tus papás si preguntas . . . "¿Podemos ver la tele?"

   _____

Nombre _____

E. What do people around you do? Join words from the two columns. Add activities to write complete sentences below.

Yo   hace
Mi mamá   hacemos
Mi maestro   hacen
Mis amigos   hago
Sara y yo   haces
Ustedes
Tú

1. _____

2. _____

3. _____

4. _____

5. _____

6. _____

F. You go to a very international school. Many of your classmates come from other countries. Explain to Carlos, a new student, what nationality everyone is.

M Juan es de Chile. Él es _____ chileno _____.

1. Rosa es de Venezuela. Ella es _____.

2. Felipe es de Bolivia. Él es _____.

3. Marta y Eugenia son de México. Ellas son _____.

4. Thomas es de los Estados Unidos. Él es _____.

5. Manolo y Magda son de España. Ellos son _____.

Nombre _____

G. Isabel is showing you her photo album and telling you about her family.
Complete her sentences using the verbs *ser, estar* or *ir* in the correct form.

M

Mi papá _____ **es** _____ agente de viajes.

Ahora _____ **está** _____ en Argentina.

_____ **Va** _____ en avión a muchos países.

1.

Mi mamá _____ artista.

Ahora _____ en Europa.

_____ a Europa una vez al año.

2.

Éstas _____ mi hermana y yo.

_____ en la playa de vacaciones.

Todos los años _____ a la playa.

3.

Ellos _____ mis abuelos.

_____ en su casa, en Puerto Rico.

A veces _____ de viaje.

Nombre _____

H. How can you combine these elements so that they make sense? Write
sentences, matching the different parts, and remember to put the verbs from
the second column in the correct form.

Mi hermana	poder	la ventana de la habitación.
Los viajeros	pensar	la clase de arte a las 12 P.M.
La asistente de vuelo	volver	cerrar la puerta?
El agentes de viajes	cerrar	ir de viaje a Europa.
Yo	probar	de Buenos Aires.
¿Ustedes	comenzar	la computadora nueva.

M _____ **Mi hermana piensa ir de viaje a Europa.** _____

1. _____

2. _____

3. _____

4. _____

5. _____

¿Cómo se dice?

Nombre _____

A. You are standing in a hallway at your hotel. What can you see? Unscramble the syllables of the words below, and then write the correct number next to the word. Remember to add *el, la, las,* or *los.*

M ta-ha-cio-bi-nes   **las habitaciones**   **4**

1. te-ar guo-an-ti _____ ____

2. ve-lla _____ ____

3. as-sor-cen _____ ____

4. ris-tu-ta _____ ____

_____ ____

5. te-ar der-mo-no _____ ____

¿Cómo se dice?　　Nombre _____

A. Look at these objects. Some are usually found in the bedroom, and some in the bathroom. Write the names of the objects in the correct columns.

El dormitorio　　　　　　　　El cuarto de baño

la cama　　　　　　　　　　la bañera
_____　　　_____

_____　　　_____

_____　　　_____

_____　　　_____

_____　　　_____

¿Cómo se dice?

Nombre _____

A. You are interviewing your friend Raquel about her daily routine when she is on vacation. Complete each of your questions with the right form of the word in parentheses. Then complete Raquel's answer.

M **P:** Raquel, ¿a qué hora _____ **te despiertas** _____? (despertarse)

R: _____ **Me despierto** _____ a las nueve y media.

1. **P:** ¿Quién _____ primero, tus hermanos o tú? (bañarse)

   R: Yo siempre _____ primero. Ellos nunca _____ por la mañana.

2. **P:** ¿Qué hacen ellos? ¿_____? (lavarse)

   R: Sí, siempre_____ la cara.

3. **P:** ¿Cuántas veces al día _____ ustedes los dientes? (cepillarse)

   R: _____ los dientes cuatro veces al día.

4. **P:** ¿A qué hora _____ ustedes? (acostarse)

   R: Mis hermanos _____ a las diez de la noche.

   Yo _____ a las once y media.

5. **P:** ¿Quiénes _____ primero? (dormirse)

   R: Pues, todos nosotros _____ a la misma hora.

Nombre _____

B. What is the daily routine like in your family when everyone is on vacation? Write four sentences each about what everyone does in the morning and at night.

acostarse	ponerse	quitarse	dormirse
levantarse	despertarse	irse	cepillarse
bañarse	secarse	peinarse	lavarse

Por la mañana

_____

_____

_____

_____

_____

_____

Por la noche

_____

_____

_____

_____

_____

_____

¿Cómo se dice?

Nombre _____

A. You are checking into a hotel, and find yourself in a long line. The clerk is frantic because everyone is asking him for things. Complete each sentence using the correct form of *pedir.*

M Los turistas de California _____**piden**_____ más toallas.

1. Una señora y yo _____ jabón.

2. También, yo _____ unas tarjetas postales.

3. El Sr. Bedoya _____ dos mantas.

4. Dos niñas y yo _____ almohadas.

5. La Sra. Mora _____ otra habitación. ¡Sus hijos hablan mucho y ella no puede descansar!

B. Everyone is talking at once! The hotel clerk cannot hear the requests and is becoming very confused. Help him complete his questions using the correct form of *pedir.*

1. Ustedes _____ más bañeras, ¿no?

2. Tú _____ tres sábanas, ¿no?

3. Las mujeres _____ sillas duras, ¿no?

4. El hombre _____ tarjetas antiguas, ¿no?

5. La mujer alta _____ otros hijos, ¿no?

Nombre _____

C. You have made many new acquaintances while on vacation. You want to find someone to play chess with you. Use the correct form of *jugar* to ask your new friends if they play chess. Then use the pictures to help your friends answer your questions.

el tenis	el dominó	el fútbol americano
el fútbol	el baloncesto	el ajedrez

M Arturo y Víctor, ¿_____ **juegan** _____ ustedes al ajedrez?

No, nosotros jugamos al fútbol americano. _____

1. Carmen, ¿_____ al ajedrez?

_____

2. Violeta y Dolores, ¿_____ ustedes al ajedrez?

_____

3. Francisco, _____ tú al ajedrez?

_____

4. Benito y Celia, ¿_____ ustedes al ajedrez?

_____

5. Armando, ¿_____ tú al ajedrez?

_____

¡A leer!

Nombre _____

Read the paragraphs and do the activities below.

Pueblos de encanto

Mazunte es un pueblo muy pequeño del Pacífico, en la costa de México. En Mazunte, el turista puede alquilar una habitación por 10 dólares o dormir por 3 dólares, escuchando el sonido del mar, ¡en una hamaca fuera del hotel!

Cerca de Mazunte, los turistas pueden ver una puesta de sol única. Para llegar a Mazunte, se sale de Oaxaca a Pochutla, **pueblo** del interior, a 15 kilómetros de distancia de Mazunte.

Luego puedes viajar en camión entre los pueblos, no cuesta mucho. Los turistas más atrevidos pueden hacer la ruta caminando, también. Tienen que pensar bien en las cosas más necesarias: mochila con toalla, jabón, abrelatas, refrescos... ¡Qué aventura!

Nota: **Pueblo** means "town."

Decide which one of these towns is Mazunte, which one is Pochutla, and which one is Oaxaca. Draw the route from Oaxaca to Mazunte as described above.

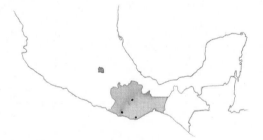

Complete these sentences.

1. Una habitación en Mazunte cuesta _____.

2. Puedes viajar en _____ o _____.

3. En Mazunte puedo ver una _____ muy bonita.

4. Si vas a pie, necesitas traer _____.

Nombre _____

Conexión con los estudios sociales

In hotels, you can often find signs that tell you what to do and what not to do. Look at these signs and try to match them with their meaning in Spanish.

Prohibido el cigarrillo.

No use el ascensor en caso de incendio.

Escalera

No tocar con la mano

Salida de emergencia

Find out about other signs in Spanish, draw them and write what they mean.

Expresa tus ideas

Nombre _____

The Explorers' Club members are attending a conference of master explorers. Club members even get to stay in a hotel! Write at least six sentences about what you see in the picture.

_____

_____

_____

_____

_____

_____

_____

_____

¡A DIVERTIRSE!

Nombre _____

Un crucigrama

Complete the sentences. Write the missing words in the puzzle.

¹J	U	E	G	²A			

(crossword grid with across/down entries numbered 1–13)

Horizontales

1. Luis _____ al tenis.

3. Los viajeros a otros países son _____.

7. Siempre me baño con agua _____.

9. Cuando me lavo, uso mucho _____.

10. _____ acuesto temprano.

11. Yo _____ las instrucciones de las actividades.

12. Tienes que poner una _____ en la cama.

13. Primero nos acostamos; luego, nos _____.

Verticales

2. No me gusta mirar el _____ moderno.

3. Rita escribe _____ postales.

4. Hugo _____ despierta a las siete.

5. ¿Puedes subir al techo del hotel en el _____?

6. Son las llaves de mi cuarto. ¡Son _____ llaves!

8. _____ ponemos los abrigos en el invierno.

¿Cómo se dice?   Nombre _____

A. Jorge has earned money by washing cars. What does he do with his money?
Look at the pictures, and then write the missing words on the lines provided.

Tengo muchos  y unas **(1)**  . Voy al **(2)** y

busco una **(3)** abierta. ¡Qué bueno! Conozco a una **(4)**  .

Es la mamá de mi amigo Paco. Ella dice que Paco está en la

(5) _____ .

M _____ **billetes** _____   2. _____   4. _____

1. _____   3. _____   5. _____

¡Piénsalo! ᔜᔜᔜᔜᔜᔜᔜᔜᔜᔜᔜᔜᔜ

Imagine it's 3:30 on Monday right now. Look at the opening hours of these stores
and restaurants and write next to them whether they are open or closed right
now.

Lunes a viernes, 10:00–2:00 y 5:00–8:00. _____ **cerrado** _____

Todos los días, 7:00–4:00 _____

Fines de semana solamente, 10:00–5:00 _____

Lunes a viernes, 8:00–5:00, sábados 8:00–12:00 _____

Todos los días, 1:00-10:00, cerrado los lunes _____

¿Cómo se dice?

Nombre _____

A. You are dining out. What can you see? Write the name of each picture next to the correct number.

   M

2.

4.

1.

3.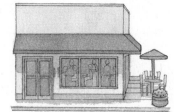

5.

M _____ el menú _____

3. _____

1. _____

4. _____

2. _____

5. _____

B. Nuria and Luis are sitting right behind you. Can you fill in the missing words in their conversation? Use the words you wrote in A.

NURIA: ¿Te gusta este _____ restaurante _____?

LUIS: Sí, mucho. Es muy bonito y muy tranquilo.

NURIA: El _____ tiene platos muy buenos.

LUIS: Sí, es verdad. Y la _____ es muy simpática.

NURIA: Voy a pedir la _____.

LUIS: Está bien. Y yo voy a dejar una buena _____.

¿Cómo se dice?

Nombre _____

A. Martina and Iris went to the petting zoo together. Now Martina is showing Iris the pictures her dad took. Look at the pictures and match them with what Martina is saying.

A

C

E

B

D

1. Le doy sal a la llama. ___C___

2. Aquí te doy una galleta a ti. _____

3. Sandra y Rogelio me dan galletas. _____

4. Le damos las gracias a mi papá. _____

5. Yo le doy un abrazo a mi mamá. _____

Nombre _____

B. Paula had neatly written in her computer all the forms of the verb *dar*, but someone has played a joke on her and scrambled all the letters. Can you help her? Unscramble the letters and then use the words to complete the sentences below.

Ⓜ Yo ydo _____**doy**_____.

Tú ads _____.

Él, ella, usted ad _____.

Nosotros, nosotras adoms

_____.

Ellos, ellas, ustedes nad

_____.

Ⓜ Yo le _____**doy**_____ la mano a mi amigo

El camarero nos _____ la cuenta.

Nosotros le _____ una propina al camarero.

Tú me _____ los libros.

Ustedes siempre nos _____ las gracias.

Los perros nos _____ miedo.

Yo le _____ un abrazo a mi papá.

C. Who ends up doing the shopping in Manuel's family? Look at the pictures and write sentences about what Manuel says using the verb *dar*.

Ⓜ _____ **Mamá me da un billete.** _____

1. _____

2. _____

3. _____

4. _____

¿Cómo se dice?

Nombre _____

A. Can you tell the present from the past? Look at these verbs and circle the ones that are not in the past.

gasté	cambiaste	gastan
ahorramos	cambias	ahorraron
ahorro	gastaste	cambió

B. Use the above verbs in the correct form to complete these sentences:

M Ayer Javier _____ **cambió** _____ los pantalones en la tienda.

1. ¿_____ todo el dinero en libros?

2. ¿_____ los dólares por pesos en el banco?

3. _____ casi $10 comprando en las rebajas.

4. No _____ todo el dinero. Tengo casi $50.

5. Mis papás _____ dinero durante el año y ahora nos vamos de vacaciones.

Nombre _____

C. What did you and your friends do last week? Complete the sentences with the verbs from the box in the correct form.

comprar	bailar	ayudar	caminar	limpiar	estudiar

M La semana pasada nosotros _____**compramos**_____ unos pantalones y unas botas.

1. Ayer yo _____ mi habitación.

2. El año pasado mi familia y yo _____ mucho dinero.

3. La semana pasada _____ a mi hermano con las tareas.

4. Ayer Paco _____ la lección de estudios sociales.

5. Sara y su hermana _____ mucho en la fiesta.

6. ¿_____ mucho ustedes ayer?

D. This is Berta's diary. Here she writes everything she does in the week. Since her Spanish is getting good, she started writing it in Spanish. But today she is having trouble with her verbs. Help her! Write the correct verb in the correct form.

Querido diario:

Hoy es domingo y tengo mucho sueño. La semana pasada estudié mucho. El sábado

_____**compré**_____ un disco compacto y _____ todo mi dinero

ahorrado. Pero me gusta mucho, así que estoy muy feliz. El sábado mamá también me

_____ unas pinturas y un cuaderno para dibujar. Por la tarde papá y

yo _____ el garaje. David _____ a mamá en la cocina

y ellos dos _____ una torta muy buena. Hoy_____

todos por la montaña y por la tarde _____.

¡A leer!

Nombre _____

Read the following text and follow the directions below.

Los bancos

La palabra «banco» tiene diferentes significados. Un banco es el lugar donde te sientas en una plaza o un parque. También, «banco» es en algunos países sinónimo de «pupitre». En algunos países, la mesa de trabajo de la cocina se llama «banco» también. Finalmente, un «banco» es un lugar donde las personas dejan su dinero para tenerlo bien guardado.

Make a drawing for each of the meanings of the word «banco».

Nombre _____

Conexión con las matemáticas

You've taken a trip around South America and have brought souvenirs for your friends and family. You remember the prices in dollars of everything. Now you want to remember what the actual prices were in local currencies. Use the exchange rates below to make the calculations. Then, write down a description of what you bought.

> Nota: A *wallet* is called **una cartera.**

$5 = ___**17.5**___ nuevos soles

Compré un sombrero peruano. _____

$4 = _____ bolivianos

_____

$23 = _____ pesos chilenos

_____

$35 = _____ pesos argentinos

_____

Exchange Rates

$1 = 2.9 pesos argentinos $1 = 3.5 nuevos soles (peruanos)

$1 = 7.7 bolivianos $1 = 617 pesos chilenos

ᒫ ¡APRENDE MÁS! ᒧ

Nombre _____

In this unit you have learned two expressions with the verb **dar: dar las gracias** and **dar la mano.** This small but useful verb is part of many expressions.

Read the following conversations and study the pictures. The expression with the verb *dar* is in heavy black letters. On the line below the picture and the conversation, write what you think the expression means.

1. JORGE: Iris, ¿cuál te gusta más: el gato grande o el gato pequeño?

   IRIS: **Me da lo mismo.** Me gusta el grande y me gusta el pequeño.

_____

2. TONY: Este vendedor siempre llega a las dos para vender sus aspiradoras.

   ANITA: ¿Qué haces?

   TONY: **¡Le doy con la puerta en las narices!**

_____

3. MAMÁ: Mi hijo siempre estudia. Lee sus libros a todas horas. **No se da cuenta de que** hay otras personas en la casa.

   AMIGA: ¿Por qué no le escribes una carta?

_____

¡A DIVERTIRSE!

Nombre _____

El juego del treinta y cuatro

Unscramble the word and write it on the line. Then, find the number of the word in the lists below and write the number in the circle. The sum of each row, across or down, should equal 34. The first word has been done for you.

vancteo ④ __centavo__	seops ◯ _____	aifl ◯ _____	acroder ◯ _____	34
acejra ◯ _____	atecus ◯ _____	llaitnevna ◯ _____	asopagm ◯ _____	34
unceta ◯ _____	ronpipa ◯ _____	tragsa ◯ _____	ledsaró ◯ _____	34
botarie ◯ _____	rhoarra ◯ _____	nesdoma ◯ _____	nobca ◯ _____	34

1. el banco
2. la cajera
3. los dólares
4. el centavo

5. los pesos
6. las monedas
7. la propina
8. la ventanilla

9. hacer fila
10. cuesta
11. gastar
12. ahorrar

13. la cuenta
14. pagamos
15. abierto
16. cerrado

¿Cómo se dice?

Nombre _____

A. Who is who? Read the sentences, look at the picture and write the names of the people.

Pablo está muy cerca de la fuente.

Erica está delante del museo.

Guillermo está detrás de la escultura.

Santi está a la izquierda del monumento.

Lola está a la derecha del monumento.

Where is everyone?

_____

B. Write one more sentence about each of the children in A, using *cerca de* and *lejos de.*

Ⓜ _____ **Pablo está lejos del museo.** _____

1. _____

2. _____

3. _____

4. _____

5. _____

6. _____

¿Cómo se dice?

Nombre _____

A. Your friends have many errands to run today. They are asking for your advice. Use the list to answer their questions.

el zoológico   ✓ la alcaldía   el museo

el metro   el supermercado

M EDUARDO: Tengo que ir a las oficinas de la ciudad. Tengo que recoger unos papeles importantes. ¿Adónde voy?

   TÚ: Tienes que ir _____**a la alcaldía**_____.

1.   MARÍA: Mi mamá necesita arroz, carne, pan y tortillas. Yo tengo que comprar todo. ¿Adónde voy?

   TÚ: Tienes que ir _____.

2.   RUDY: Para la clase de ciencias, tengo que sacar fotos de tigres, osos y leones. ¿Dónde puedo sacar las fotos?

   TÚ: Tienes que ir _____.

3.   LUPE: Tengo que escribir un reporte sobre el arte antiguo. ¿Adónde voy para ver el arte antiguo?

   TÚ: Tienes que ir _____.

4.   DAVID: Tengo que ir a otra parte de la ciudad. No hay autobús. ¿Cómo voy?

   TÚ: Tienes que tomar _____.

¿Cómo se dice?

Nombre _____

A. The Novas family is at home. It is 6 P.M. and everyone is busy. Read the sentences and label each family member. Once you have identified everyone, write a sentence about what each is doing.

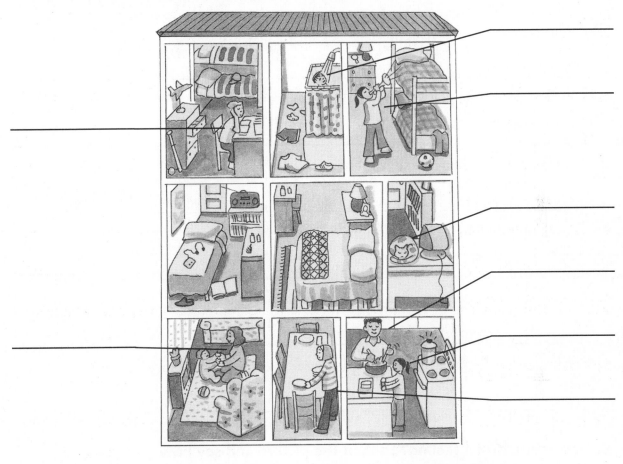

M Nina y el bebé están en la sala de estar. _____ **Están jugando.**

1. Tomás está en su dormitorio.

_____

2. Clara está en su dormitorio.

_____

3. Graciela no está en su dormitorio.

_____

4. Paco está en el despacho.

_____

5. Juan está en el baño.

_____

6. Pedro y Sara están en la cocina.

_____

Nombre _____

B. **What do you think these people feel like? Describe how they feel using the words in the box (remember to use the correct form).**

contento	cansado	enojado	triste	confundido	nervioso

M Paula trabaja diez horas al día y duerme muy poco.

Está cansada. _____

1. Tenemos un examen esta mañana y no estudiamos mucho ayer.

_____

2. Sandra tiene vacaciones y se va de viaje.

_____

3. Miguel no puede ir de excursión porque está enfermo.

_____

4. Tu hermano no ayuda en casa y tú tienes que hacer todo.

_____

5. El camarero dice que no tenemos que pagar la cena. No sabemos por qué.

_____

C. **How is the clown feeling? Look at the picture and say how you think he is feeling. You can use more than one adjective.**

_____

_____

_____

¿Cómo se dice?

Nombre _____

A. Sr. González had the worst day yesterday. Look at the pictures and number the sentences in order.

1.

4.

2.

5.

3.

6.

M No llegó al autobús a tiempo. ___3___

Salió de casa a las nueve de la mañana. _____

Volvió a casa a recoger el paraguas. _____

Cayó en la calle. _____

Le dolió la mano todo el día. _____

Corrió por la calle para llegar a tiempo al trabajo. _____

Nombre _____

B. You and your brothers are on vacation at your aunt's home in Madrid. You have been enjoying yourselves, doing a million things. Now your aunt is asking you what you and your brothers have been up to. Complete your answers.

M ¿Cuántas millas corriste ayer?   _____**Corrí**_____ tres millas.

1. ¿Volviste a casa muy tarde?   No, _____ a las siete de la tarde.

2. ¿Tus hermanos salieron ayer por la tarde?   No, no _____.

3. ¿Volvieron al hotel por la noche?   Sí, _____ al hotel a las diez.

4. ¿Saliste con tus amigos la semana pasada?   Sí, _____ todos juntos.

5. ¿Tu hermano corrió para llegar al tren?   No, no _____ porque llegó en taxi.

C. Complete these sentences with the correct form of the verbs *correr*, *salir*, *volver*, or *doler*.

M Ayer mis hermanos y yo _____**corrimos dos millas por el parque**_____.

1. ¿La semana pasada tú _____?

2. Ayer por la noche Antonio y Elena _____.

3. En Nueva York nosotras _____.

4. Tú y tu hermano no _____.

5. Ayer ustedes _____.

6. Ayer la pierna me _____.

¡A leer!

Nombre _____

Read the following text and decide whether the statements are true (*verdadero*) or false (*falso*). Rewrite any false statements so that they are true.

En México DF

En México DF, dentro de la ciudad, hay una buena red de metro y muchos «peseros». Los peseros son camionetas o pequeños camiones que, por dos pesos, te llevan como un autobús. Para comer, un buen destino es el restaurante El Bajío.

Cerca de la plaza mayor, o zócalo, está la Secretaría de Educación Pública, que tiene murales de Diego Rivera dentro de un doble patio. Los viajeros visitan el Museo de Antropología o el Templo Mayor.

Si quieres ir de excursión, dicen que visitar las pirámides de Teotihuacán, a menos de una hora de distancia, es fantástico. Taxco, una ciudad colonial a más de dos horas de distancia de México DF, es muy bonita.

1. En la capital de México no hay metro.

   _____

2. Los «peseros» son coches pequeños.

   _____

3. En México, las plazas también se llaman zócalos.

   _____

4. En la capital de México hay casas con patios.

   _____

5. En Taxco hay unas pirámides fantásticas.

   _____

6. Taxco es una bonita ciudad colonial mexicana.

   _____

Nombre _____

Conexión con los estudios sociales

In Spanish-speaking countries there are still small stores that, unlike supermarkets, specialize in one type of product (food or others). Many stores have names that come from the object they sell. Can you guess what these stores sell? Write sentences saying what you bought at each store yesterday.

la pescadería: **Ayer en la pescadería compramos pescado.** _____

la panadería: _____

la mueblería: _____

la verdulería: _____

la carnicería: _____

la zapatería: _____

la frutería: _____

Nombre _____

Expresa tus ideas

The Explorers' Club is at the bus station, waiting for the bus to Villahermosa. Each of the members decides to wait doing something different. Look at the picture and write at least seven sentences that describe what they are doing and how they are feeling.

_____

_____

_____

_____

_____

¡A DIVERTIRSE!

Nombre _____

Busca las diferencias

Ciudad Hermosa is a big city. It even has two big plazas—Plaza Central and Plaza Colón. Write several sentences about the differences between the two plazas.

_____

_____

_____

_____

_____

_____

_____

Nombre _____

A. Whenever you go anywhere with your little sister Hortensia, she always has lots of questions. Write an answer to each question based on what you see in the picture.

M **P:** ¿Qué te da la cajera?

     R: _____ **Ella me da unas monedas.** _____

1. P: ¿Qué le dan los hombres al cajero?

     R: _____

2. P: ¿Qué nos da primero el camarero?

     R: _____

3. P: Después de comer, ¿qué le das al camarero?

     R: _____

4. P: Antes de irnos, ¿qué nos da la camarera?

     R: _____

Nombre _____

B. You and your family just won a week's vacation at Hotel Buen Descanso. What will you do while you're there? Complete each sentence with the correct form of the word in parentheses.

M Todos _____**pedimos**_____ una almohada blanda. (pedir)

1. Mi hermano y yo _____ jugar al volibol en la playa. (querer)

2. Yo _____ temprano cada mañana. (almorzar)

3. Mis padres _____ unas toallas y unas sábanas. (pedir)

4. Mis hermanos y yo _____ al tenis dos días a la semana. (jugar)

5. Hace fresco por la noche. Todos _____ unas mantas. (pedir)

C. Your new classmate loves asking questions! And you love talking about yourself, so you always answer all of them. Write your answers to his questions.

M ¿Qué pides siempre en el restaurante? _____**Pido espaguetis.**_____

1. ¿A qué juegas en verano con tus amigos? _____

2. ¿A qué hora almuerzas? _____

3. ¿Qué quieres hacer el día de tu cumpleaños? _____

4. ¿Dónde almuerzan en tu casa? _____

Nombre _____

D. This is what Carlos does every morning. Does the order in which he does these things seem alright to you? How would you do them? Number them in the order you would do these things.

Ⓜ Se despierta a las siete de la mañana. __1__

1. Se peina el pelo. _____

2. Se ducha. _____

3. Se quita el pijama. _____

4. Se seca el pelo. _____

5. Se cepilla los dientes. _____

6. Se pone la ropa. _____

E. What do you do every night before you go to sleep? Describe your routine before going to bed. Try to write at least five sentences.

Ⓜ **Me quito la ropa.** _____

1. _____

2. _____

3. _____

4. _____

5. _____

Nombre _____

F. **What did you do yesterday? And last week? What did your friends and family do? Join words from the different columns to make sentences. Put the verbs in the correct forms.**

ayer	limpiar
la semana pasada	gastar
yo	ahorrar
mi hermano	bailar
mis papás	comprar
mi maestro	estudiar
mis amigos	caminar
	descansar

M **Ayer mi hermano estudió mucho.** _____

1. _____

2. _____

3. _____

4. _____

5. _____

6. _____

Nombre _____

G. Your friend Marita wants to be a detective when she grows up. She thinks she should start practicing now, and you are helping her with her questions. Write your answers to her questions.

M ¿A qué hora saliste ayer de casa?

Ayer salí a las 9:20 A.M.

1. ¿A qué hora volviste?

_____

2. ¿A qué hora salieron tus hermanos de casa ayer?

_____

3. ¿A qué hora volvieron?

_____

4. ¿A qué hora tu papá o tu mamá volvió a casa?

_____

5. ¿Cuándo corriste por el parque?

_____

6. La semana pasada, ¿volviste algún día tarde con tus hermanos?

_____

7. ¿Te perdiste alguna vez en una ciudad?

_____

8. ¿Te dolió algo la última vez que jugaste a fútbol?

_____

Nombre _____

H. Imagine that you're entering a short-story contest sponsored by the Jardín Zoológico. The winner gets to feed the lions for a week! Look at the picture and write a story with at least five sentences about Sara, Juan, and Raúl. If you need to, use the questions to get started.

_____

_____

_____

_____

_____

_____

¿Dónde están los tres amigos?   ¿Cómo están Sara y Juan?

¿Están caminando o descansando?   ¿Dónde está la fuente?

¿Cómo está Raúl? ¿Está nervioso?   ¿Qué está mirando Raúl?

¿Cómo se dice?   Nombre _____

A. Your friend Rogelio has lost Sultán, his dog. You and two other friends have offered to help search for the dog. Rogelio has drawn a map for you to follow. Complete the sentences based on the map.

--------- Felipe
—·—·— Carmen
············· Yo

X   N

O   E

S

M Comenzamos en _____ la esquina _____.

1. Comenzamos cerca _____.

2. Felipe va a caminar _____ al este.

3. Carmen va a caminar una cuadra _____ también.

Luego, va a doblar a la derecha y caminar _____.

Por último, ella va a doblar a la derecha y caminar _____.

4. Yo voy a caminar por las dos _____.

5. En quince minutos, volvemos a la X en _____.

¿Cómo se dice?   Nombre _____

A. You are taking your little sister for a walk. How do you answer her questions?
Use the pictures.

M ¿Cómo va el autobús?

El autobús va despacio.
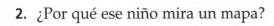

1. ¿Dónde queda el restaurante?

_____

2. ¿Por qué ese niño mira un mapa?

_____

3. ¿Cómo van los coches?

_____

4. ¿Por dónde tenemos que caminar ahora?

_____

5. ¿Dónde queda el cine?

_____
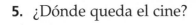

6. ¿Con quién vamos a encontrarnos?

_____

¿Cómo se dice?   Nombre _____

A. Some people, like Lucía, are naturally bossy. When she gets home, her younger brothers and sisters get the benefit of her natural bossy talents! Complete the commands.

M CARLOTA: ¡No me cepillo los dientes!

LUCÍA: Carlota, _____ **¡cepíllate los dientes!** _____

1. DANIEL: ¡No me quito los zapatos!

   LUCÍA: Daniel, _____

2. JULIA: ¡No leo el libro!

   LUCÍA: Julia, _____

3. PABLO: ¡No me lavo las manos!

   LUCÍA: Pablo, _____

4. MATEO: ¡No abro la puerta!

   LUCÍA: Mateo, _____

5. GLORIA: ¡No me baño!

   LUCÍA: Gloria, _____

6. INÉS: ¡No me lavo y no me seco la cara!

   LUCÍA: Inés, _____

6. SANDRA: ¡No corro a la cama!

   LUCÍA: Sandra, _____

7. CARLOS: No me peino. ¡No me cepillo los dientes tampoco!

   LUCÍA: Carlos, _____

8. PILAR: ¡No estudio las matemáticas!

   LUCÍA: Pilar, _____

Nombre _____

B. Imagine that you write an advice column. You have received the following letters. What advice do you give the letter writers? Tell the writers what to do, and what not to do.

¡Hola!

A mí me gusta el frío. A mi hermano le gusta el calor. Yo siempre abro la ventana pero él la cierra. ¿Qué hago?

Alma Ventana

_____

_____

_____

_____

_____

¡Hola!

Tengo que leer dos libros este fin de semana. No quiero leerlos. Quiero ir al cine con mis amigos. También quiero ir al museo y jugar al fútbol. ¿Qué hago?

Pedro Juegamucho

_____

_____

_____

_____

_____

¡Hola!

A mí me gusta llevar mi chaqueta favorita siempre. Siempre tengo buena suerte cuando llevo mi chaqueta. Mi mamá me dice: "¡Quítate la chaqueta en la casa! ¡No vivimos en un estadio!" ¿Qué hago?

Juan Llévalo

_____

_____

_____

_____

¿Cómo se dice?　　　Nombre _____

A. Would you like to know what Pablo did last week? Join the two columns and find out.

M El lunes llegué　　　　　　　　en la casa de mi abuela Emma.

1. El martes pagué　　　　　　　al fútbol con mi amigo Juan.

2. El miércoles saqué　　　　　　tarde a la clase de ciencias.

3. El jueves almorcé　　　　　　el almuerzo de mi amigo Andrés.

4. El viernes comencé　　　　　al perro por la mañana y por la noche.

5. El sábado jugué　　　　　　una nueva clase.

6. El domingo sequé　　　　　mi ropa en el jardín.

B. Now that you know what Pablo did, tell your friend Florencia about it (remember to change the verbs and other words that you need to change!)

M El lunes llegó tarde a la clase de ciencias. _____

1. _____

2. _____

3. _____

4. _____

5. _____

6. _____

Nombre _____

C. **What did Pablo's friends do last week? Complete the sentences with the verbs in the correct form and you will know.**

Ⓜ Carolina: Yo _____ almorcé _____ (almorzar) con Ricardo en un restaurante.

1. Tomás: Yo _____ (jugar) en el parque.

2. Elvira: Yo _____ (sacar) la ropa vieja de mi dormitorio.

3. Ricardo: Yo _____ (comenzar) un libro nuevo.

4. Anita: Yo _____ (llegar) temprano a clase todos los días.

D. **What did you do last week? Answer the questions.**

Ⓜ ¿A qué hora llegaste a casa ayer?

Llegué a casa a las siete de la tarde. _____

2. ¿Compraste algo en la tienda? ¿Cuánto pagaste?

_____

3. ¿Qué días sacaste la basura?

_____

4. ¿Con quién almorzaste el sábado?

_____

5. ¿Dónde jugaste el viernes?

_____

¡A leer!

Nombre _____

Read the following message and answer the questions.

email message from icarregal@planeta.com to amoreno@caribe.com

Querida Anita:

Como vas a viajar a Colombia la próxima semana, hablé por teléfono con mi prima Elvira. Ella vive en Cali. No pierdas la oportunidad: visita a su familia. Habla con ella.

En Cali siempre hace buen tiempo y hay mucha música. Dicen que es la capital "salsera" de Colombia.

Para llegar a Cali desde Bogotá, toma el avión a Santiago de Cali. En el aeropuerto, toma un taxi. Los taxis son muy baratos y circulan muy rápido por toda la ciudad las 24 horas.

La casa de Elvira y su familia queda en el centro, cerca de la plaza de Caicedo, detrás de unos edificios de apartamentos. Marqué su casa con una cruz en el mapa. Mira el mapa para que puedas llegar fácilmente.

Inés

1. ¿Quién va a viajar a Colombia?

_____

2. ¿Con quién habló Inés por teléfono?

_____

3. ¿Hace mucho frío en Cali?

_____

4. ¿Cuesta mucho viajar en taxi en Cali?

_____

5. ¿Dónde queda la casa de Elvira y su familia? _____

_____

Write three things that Inés tells Anita to do.

_____

_____

_____

Nombre _____

Conexión con los estudios sociales

Look at these events in history and their dates. Then, write a paragraph telling when all these events happened, placing them in order (use the past tense!).

1492 Cristóbal Colón llega a América.

1620 Los peregrinos *(Pilgrims)* llegan a América.

1776 Comienza la Guerra *(War)* de la Independencia estadounidense.

1803 Estados Unidos paga quince millones de dólares por la Compra de Louisiana.

1861 Comienza la Guerra Civil estadounidense.

1869 El primer tren llega de Nueva York a San Francisco.

1965 Comienza la Guerra de Vietnam.

1871 El equipo de Cleveland y el de Fort Wayne (Indiana) juegan el primer partido profesional de béisbol.

1626 Los holandeses *(The Dutch)* pagan a los indígenas nativos 25 dólares por la isla de Manhattan.

Cristobal Colón llegó a América en 1492.

_____

_____

_____

_____

_____

_____

_____

_____

҉ ¡APRENDE MÁS! ҉

Nombre _____

Synonyms are words that have similar meanings. *Antonyms* are words that have opposite meanings. Nouns, verbs, adjectives, and prepositions can have antonyms. You already know many **antónimos,** such as the following:

día—noche	subir—bajar	blanco—negro	delante—detrás
menos—más	caminar—correr	grande—pequeño	cerca—lejos

In the lists below are words you know. For some, you already know the antonym. For others, you may have to find the antonym in a Spanish-English dictionary. The first one has been done for you.

Palabra

1. ahorrar **gastar** _____

2. rápido _____

3. acostarse _____

4. fuerte _____

5. debajo de _____

6. escribir _____

7. buscar _____

8. generoso _____

9. cómico _____

10. lavarse _____

11. limpio _____

12. con _____

13. hablar _____

14. izquierda _____

15. ponerse _____

¡A DIVERTIRSE!

Nombre _____

Un juego de modismos

How sharp are your detective skills? On this page there are five expressions and illustrations. First, read the sentences with the expressions. (The expressions, or *modismos*, are in heavy black type.) Then look at the pictures. When you think an expression matches a picture, write the number of the sentence in the blank to the right of the picture.

1. **A lo lejos,** podemos ver las montañas.

 _____

2. **¡Cuidado con** el tráfico!

 _____

3. Paula va a llegar **dentro de poco.**

 _____

4. Les **hace falta** la práctica.

 _____

5. **Tengo ganas** de comer un helado.

 _____

¿Cómo se dice?

Nombre _____

A. These two people work at a jewelry store. What are they wearing? What are they carrying? Write an X in the correct column.

	la joyera	el joyero
unas joyas	x	
un regalo		
un brazalete		
un llavero		
un collar		
un anillo		
unos aretes		

¿Cómo se dice?

Nombre _____

A. Look at these items. Do you find them expensive or inexpensive? Write the name in the correct column, according to what you think.

barato	caro

Now write sentences about the items you placed in each column.

El audiocasete es muy caro. _____

_____

_____

_____

_____

¿Cómo se dice?

Nombre _____

A. Can you match these questions with their answers?

Preguntas: **Respuestas:**

M ¿Qué hiciste ayer por la tarde? ———— Estudié en la biblioteca.

1. ¿Qué hizo Patricia el sábado
por la mañana?   Hizo mucho sol, pero un poco de frío.

Fueron fantásticas.

2. ¿Fuiste al parque con tus
padres ayer?

Fuimos a un restaurante
colombiano excelente.

3. ¿Qué tal las vacaciones?

Nadó en la piscina.

4. ¿Qué tiempo hizo?

Sí, y jugamos con la pelota.

5. ¿Adónde fueron ustedes ayer?

Nombre _____

B. What did Walter and his friends do yesterday? Complete the sentences with the correct form of these verbs to find out.

Ayer mis amigos y yo _____**fuimos**_____ (ir) a casa de Pedro para celebrar su

cumpleaños. _____ (hacer) mucho sol y _____ (salir)

al jardín. Su mamá _____ (hacer) un pastel de chocolate muy bueno.

La fiesta _____ (ser) muy divertida.

C. Write appropriate questions for these answers.

M ¿Adónde fueron Juan y tú esta mañana? _____

¿Esta mañana? Juan fue a la clase de español y yo fui a la clase de inglés.

1. _____

Ayer almorcé en casa de mi abuela.

2. _____

¡Fue fantástica! Aprendimos a tocar una canción en el piano.

3. _____

El sábado hizo mal tiempo, pero el domingo hizo mucho sol.

¿Cómo se dice?

Nombre _____

A. Match the following causes with their consequences.

M Llovió y la temperatura fue muy baja.　　　　Tuve calor.

1. Estudié cinco horas en la biblioteca.　　　　Tuve frío.

2. Miré una película de miedo.　　　　Estuve cansado.

3. Hizo 110 grados Fahrenheit.　　　　Tuve miedo.

4. Llegué tarde a la fiesta y el helado se terminó.　　　　Tuve dolor.

5. Salí tarde de casa.　　　　Tuve prisa.

6. Estuve en la oficina del dentista.　　　　Estuve triste.

Nombre _____

B. **A park statue has been stolen! Detective Jiménez is interviewing people from the community to try and find some suspects. He is now interviewing Sr. Ramos about his family's whereabouts. Complete his statements with the correct past-tense form of** *estar* **or** *tener.*

M —¿Dónde _____estuvo_____ su mujer el sábado 16 a las 12 de la mañana?

_____ descansando en el jardín porque _____

un dolor de cabeza fuerte.

1. —¿Dónde _____ usted y su hijo?

—_____ en la casa. Mi hijo _____ sueño y

_____ en la cama toda la tarde. Y yo _____

hambre y _____ en la cocina.

2. —¿Dónde _____ los abuelos el sábado?

—_____ en el gimnasio. Siempre van al gimnasio los sábados por

la mañana.

3. —¿Dónde _____ su hermana el sábado a las doce?

—Mi hermana _____ hambre y _____ en un

restaurante.

¡A leer!

Nombre _____

Read the following paragraph and answer the questions.

El museo del espacio

Ayer fui de excursión a un museo del espacio. La profesora de ciencias, que es muy simpática, fue con nosotros. Vimos la reproducción exacta de un cohete que fue a la Luna, varios documentales un poco aburridos, y un pedazo de meteorito. Nos lo pasamos muy bien, ¡fue un gran día!

   Pero en el viaje de vuelta, se pinchó la rueda del autobús. Tuvimos que esperar dos horas hasta que el chofer cambió la rueda. ¡Fue muy aburrido! No hicimos nada durante todo ese tiempo. No comimos ni pudimos jugar. Luego encontramos mucho tráfico cuando volvimos. Llegamos muy tarde a la ciudad.

   Nuestros padres al vernos llegar pensaron: "¡Qué excursión tan larga! ¡Seguramente se divirtieron mucho!"

Draw a comic strip that shows what happened in the story. Use bubbles to write what people said in each scene.

Nombre _____

Conexión con los estudios sociales

Look at these names and facts of important people in history. Match the people with who they were and what they did. Write sentences with these facts.

	¿Quién fue?	¿Qué hizo?
Cristóbal Colón	presidente de Estados Unidos	defender los derechos (*rights*) de las mujeres
Sitting Bull	una mujer fuerte	escribir la Declaración de la Independencia
Sacajawea	un marinero de Génova	vencer (*defeat*) al general Custer
Thomas Jefferson	un inventor	llegar a América en 1492
Thomas Edison	un indio nativoamericano	inventar la bombilla eléctrica
Susan B. Anthony	una india nativoamericana	ir con la expedición de Lewis y Clark

Cristóbal Colón fue un marinero de Génova. Llegó a América en 1492.

_____

_____

_____

_____

_____

_____

_____

Expresa tus ideas

Nombre _____

Señorita Aventura's birthday is tomorrow. The Explorers' Club members are meeting at Rita's house to show off the gifts they bought. What is their conversation like? Write a conversation based on what you see in the picture.

_____

_____

_____

_____

_____

_____

_____

_____

⊚ ¡A DIVERTIRSE! ⊚   Nombre _____

¿Quién rompió la ventana?

Someone broke a window in the school yesterday. Sra. Estricta, the school principal, says that she heard the window break at 4:00 P.M. When she looked out the window, she didn't see anyone.

Look at the pictures and write what the suspects say they were doing. Then write the name of the person you think broke the window. (Note: *to break* is *romper*, a regular -*er* verb)

Julia: _____

Hugo: _____

Diego: _____

Carmen: _____

Delia: _____

Ricardo: _____

¿Quién rompió la ventana? _____

¿Cómo se dice?

Nombre _____

A. Catalina is writing a letter to her friend Marta about her first trip to the ocean. Help her finish the letter by writing a word from the list in each blank.

una toalla	el salvavidas	✓ la playa	el protector solar
bronceada	tomé el sol	flotando	arena
barco de vela	acuático	quemado	una concha

¡Hola, Marta!

¡Me encanta ir a _____ **la playa** _____! Estoy muy

_____ porque ayer _____ toda la tarde.

Usé _____. Carlos no usó nada. Hoy le duele

mucho la espalda y está muy _____.

Cuando hace viento, me encanta pasear en _____.

También me encanta jugar con la _____ y hacer

castillos. Hoy Carlos estuvo _____ sobre las olas. Yo

te voy a dar _____. Encontré una muy bonita en

la playa.

¡Nos vemos pronto!

Catalina

¿Cómo se dice?   Nombre _____

A. This is what the Llorente family did yesterday at dinner time. Can you complete the sentences with the right names?

1. _____ puso la mesa para la cena.

2. _____ no pudo ponerse los zapatos porque le quedan pequeños.

3. _____ sirvió los platos para la cena.

4. _____ se durmió frente al televisor.

5. _____ le pidió las gafas a Elena.

Nombre _____

B. What happened yesterday? Look at the pictures and write the missing verbs in the correct form.

M Yo _____**pedí**_____ dos helados de chocolate.

1. Matilde tuvo mucho sueño y _____ muy temprano.

2. Roberto y Pablo no _____ ir al cine porque llegaron tarde.

3. Tú y yo _____ vestidos rojos ayer.

C. What can you see in these pictures? For each, write a sentence in the past to describe it.

M Las niñas se durmieron a las nueve. _____

1. _____

2. _____

3. _____

¿Cómo se dice?

Nombre _____

A. You had a great day at the beach. Now you're showing friends the pictures you took that day. Write *este, ese, aquel, esta, esa,* or *aquella* to complete each sentence describing the picture.

M

_____**Esta**_____ chica
se llama Iris.

3.

_____ barco
de vela está cerca.

6.

_____ lancha
es moderna.

1.

_____ chico
se llama Raúl.

4.

_____ chica
está muy lejos.

7.

_____ concha
es bonita.

2.

_____ sombrilla
es de mi amiga.

5.

_____ chica
está flotando.

8.

_____ chico
se llama Víctor.

Nombre _____

B. You are showing your friends the gifts you bought yesterday. You have them sorted into piles, some near and some far away. Complete each sentence using *estos, esos, aquellos, estas, esas* or *aquellas.*

M Compré todos _____**estos**_____ regalos. (Están muy cerca.)

Compré _____**aquellos**_____ anteojos. (Están muy lejos.)

1. Compré _____ camisetas para Adán. (Están muy cerca.)

2. Compré _____ libros de México. (No están muy cerca.)

3. Compré _____ novelas para mamá. (Están muy lejos.)

4. Compré _____ zapatos azules. (Están muy lejos.)

5. Compré _____ bolsas para mis tías. (No están muy cerca.)

6. Compré _____ discos nuevos. (Están muy cerca.)

C. Your friend Inés likes to talk about things that are far away, even when they really aren't! Complete each conversation.

M   INÉS: ¡Mira la lancha!

     RUDY: ¿_____**Esta**_____ lancha que está muy cerca de nosotros?

     INÉS: No, _____**aquella**_____ lancha que está muy lejos.

1.   SARA: ¡Mira los caracoles!

     INÉS: ¿_____ caracoles que están lejos?

     SARA: No, _____ caracoles que están más cerca.

2. HUGO: ¡Mira las olas!

     INÉS: ¿_____ olas que están muy lejos?

     HUGO: No, _____ olas que están más cerca.

¿Cómo se dice?　　Nombre _____

A. You are being interviewed for the school newspaper because you've become famous for your artwork. Answer each of the school reporter's questions by using the following expressions:

este fin de semana	✓mi papá	mi maestro de estudios sociales
mis amigos y mi familia	escribir	ponerlo en la playa
las personas que quieren nadar	el sábado	hacer carteles

M ¿Para quién pintaste el cuadro de una lancha?

Lo pinté _____ **para mi papá.**

1. ¿Para qué son esos papeles blancos grandes?

   Sirven _____

2. ¿Para cuándo tienes que completar aquel cartel?

   Tengo que completarlo _____

3. ¿Para quiénes pintas tus cuadros y carteles?

   Los pinto _____

4. ¿Para qué sirven aquellos lápices?

   Los lápices sirven _____

5. ¿Para qué escribiste ¡PELIGRO! en este cartel?

   Lo escribí _____

6. ¿Para quién es el cartel?

   Es _____

7. ¿Para cuándo necesitas el cartel?

   Necesito el cartel _____

¡A leer!

Nombre _____

Read the following text. Then choose the best answer for the questions.

Los tiburones

Es tan común encontrar tiburones en el mar como pájaros en el cielo. Los tiburones viven en todo tipo de aguas: desde las aguas tropicales más calientes hasta las más frías, a muchas millas de profundidad. El tiburón de Groenlandia vive debajo de las enormes capas de hielo del Ártico.

Yo trabajé de buzo en un acuario de California unos años y pasé 11,000 horas debajo del agua, muchas veces acompañado de tiburones. No me dan miedo. Me gustan.

Quiero ir a bucear al mar Caribe, donde todavía hay muchos. Los tiburones son animales muy interesantes y me gusta estudiarlos debajo del agua.

Nota:
Tiburón means "shark."
Profundidad means "depth."
Hielo means "ice."

---

1. Los tiburones viven en _____.

   a. aguas frías

   b. aguas calientes

   c. aguas frías y calientes

2. ¿Dónde trabajó el autor del texto?

   a. Trabajó en un acuario.

   b. Trabajó en el mar.

   c. Trabajó en un barco.

3. ¿En dónde pasó el autor 11,000 horas?

   a. En el mar Caribe.

   b. En el acuario.

   c. Debajo del agua.

4. ¿Qué quiere hacer el autor en el mar Caribe?

   a. Quiere nadar.

   b. Quiere bucear.

   c. Quiere tomar el sol.

Nombre _____

Conexión con las matemáticas

Choose different items in your classroom that all students have different amounts of. Use this chart to find the average number that students have. Then write sentences about your results and compare them with a partner. Make sure to write out the numbers in words.

Cosa	Total de cosas		Total de alumnos	Promedio
lápices		÷		
libros				

1. El promedio de lápices en la clase es de(l) _____ .

2. El promedio de libros en la clase es de(l) _____ .

3. El promedio de _____ en la clase es de(l) _____ .

4. El promedio de _____ en la clase es de(l) _____ .

5. El promedio de _____ en la clase es de(l) _____ .

¡APRENDE MÁS!

Nombre _____

You have learned to recognize cognates and to guess the meanings of words from context. Now it is time to practice. Read the following article from a book titled *¡Empecemos a charlar!* Underline the words you can guess because they are cognates, and circle the words you can guess from context. Finally, make a check mark above the words you look up in a Spanish-English dictionary. When you finish reading, count the number of words in each group. You may be surprised to find that you do not have to look up very many words!

El buceo

Puerto Rico es un lugar ideal para practicar los deportes acuáticos. Como está entre el Atlántico y el Caribe, Puerto Rico tiene muchísimas playas... y dos mares por donde se puede pescar y navegar. Además, las aguas cristalinas del Caribe son ideales para el buceo. Puedes observar así una gran variedad de vida submarina y, si llevas tu máquina especial, puedes sacar fotos interesantísimas del coral y de los peces multicolores.

Los puertorriqueños y los miles de turistas que visitan la isla pueden disfrutar de largos paseos por las playas, el esquí acuático, la pesca, la navegación en barco y el buceo. Como el clima de Puerto Rico es tropical—la temperatura media es de 75°F (24°C)—se pueden practicar estos deportes todo el año. Se practican además muchos otros deportes en el país. El golf y el tenis son muy populares, así como el béisbol. Hay muchos sitios donde puedes montar a caballo, ¡incluso puedes montar por la playa!

¡A DIVERTIRSE!   Nombre _____

Busca las palabras

Read each sentence. Look in the puzzle for the words in heavy black letters. Each word may appear across, down, or diagonally in the puzzle. When you find a word, circle it. One has been done for you. The letters that are not circled form two secret words. Write the words in the sentence below the puzzle.

1. ✓ **Aquel** letrero dice ¡Se **prohíbe** nadar!

2. Pongo mi toalla sobre la **arena para tomar** el **sol**.

3. A veces hay **peligro** si vas a **bucear** en el mar.

4. **Esa** chica **quemada** navega en el **barco** de **vela**.

5. Primero **salí** del agua, y luego **comí** un helado.

6. ¿Te gusta el **esquí** acuático?

Q	P	R	O	H	Í	B	E	A	P
U	S	E	E	S	Q	U	Í	Q	U
E	A	O	L	A	E	C	R	U	P
M	L	T	L	I	O	E	R	E	A
A	Í	E	S	A	G	A	I	L	R
D	V	T	O	M	A	R	E	N	A
A	C	O	B	A	R	C	O	M	Í

A muchos turistas les encanta _____.

Nombre _____

A. You're going to the park and your mother wants to make sure that you know the way. Complete the directions she gives you with the correct word in parentheses.

M Voy a caminar una cuadra hacia el _____**este**_____ (derecha / este).

1. Luego voy a _____ (doblar / este) a la derecha y caminar tres cuadras.

2. En la _____ (cuadra / esquina) voy a doblar a la izquierda.

3. Voy a caminar dos _____ (derechas / cuadras) hacia el oeste.

4. Cerca del _____ (farol / oeste) está la entrada del parque.

Now draw a map showing the directions that your mother gave you above.

Nombre _____

B. You're in charge of watching your younger sister today. She just got home from playing soccer, and she's a mess! Tell her what she has to do according to her description.

M Tiene los zapatos sucios.

Quítate los zapatos. _____

1. Tiene la cara sucia.

_____

2. Tiene el pelo despeinado *(unkempt)*.

_____

3. Tiene la ropa sucia.

_____

4. Tiene que estudiar para la clase de español.

_____

5. Tiene sueño.

_____

Nombre _____

C. Paula kept a diary this week, but she did not complete her entries. Help her complete the sentences in the past.

Ⓜ La semana pasada _____ **fue** _____ (ser) muy larga.

1. El lunes _____ (llegar) muy tarde a casa.

2. El martes Elsa y yo _____ (jugar) un partido de tenis.

3. El miércoles _____ (ir) al parque y _____ (jugar) a fútbol.

4. El viernes _____ (sacar) la basura y _____ (secar) la ropa.

5. El sábado mamá y yo _____ (comprar) mucha comida.

6. El domingo _____ (hacer) los deberes.

D. Now it's your turn to write about what you did last week. Use the verbs in the box.

| ir | ser | hacer | abrir | jugar |
| estudiar | comer | estar | tener |

Ⓜ El lunes _____ **llegué muy temprano a la escuela.** _____

1. El martes _____

2. El miércoles _____

3. El viernes _____

4. El sábado _____

5. El domingo _____

Nombre _____

E. Write sentences that make sense by using phrases from each column. Use verbs in the past.

el miércoles	estar	frío
ayer	hacer	en la playa
esta mañana	tener	calor
durante las vacaciones		prisa

1. _____

2. _____

3. _____

4. _____

5. _____

6. _____

Nombre _____

F. Write the word in each group that is not related to the other three.

M esquina, farol, cuadra, salvavidas _____ **salvavidas** _____

1. anillo, aretes, collar, calor _____

2. caro, joyas, regalo, manzana _____

3. cuadra, playa, toalla, arena _____

4. bronceado, cansado, quemado, protector solar _____

G. Gina wrote this postcard, but she forgot how to talk about the past! Use these verbs to complete her postcard about her day at the beach.

estar　　poner　　dormirse　　pedir　　poder　　tener　　servir

¡Hola Alicia!

Puerto Rico es muy bonito. Ayer Carlos y yo _____ **estuvimos** _____ en

la playa todo el día. Carlos no se _____ crema

protectora y _____ al sol. ¡Ahora está rojo como un

tomate! Ayer _____ pescado fresco de cena, ¡qué rico!

Los camareros también nos _____ helado de frutas. La

semana pasada nosotros no _____ bucear porque no

_____ tiempo, pero hoy vamos a hacerlo.

Un abrazo,

Gina

Nombre _____

H. You're with a friend on vacation at the beach. You see different things at a store in town. Draw two different versions of the items mentioned according to the descriptions. Then complete the descriptions, using the correct forms of *este*, *ese*, and *aquel*.

M _____**Esta**_____ sombrilla es grande.

_____**Esa**_____ sombrilla es más pequeña.

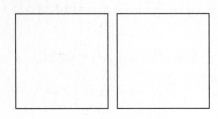

1. _____ traje de baño es muy bonito.

Pero _____ traje de baño es el más

bonito de la tienda.

2. _____ protector solar es caro.

_____ protector solar es barato.

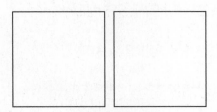

3. _____ pantalones cortos son azules.

_____ son amarillos.

4. _____ toallas son de Maricel.

_____ toallas son de Mario.